LEMBRAR E ESQUECER
O CICLO DE VIDA DOS OBJETOS DIGITAIS NO INSTAGRAM

Editora Appris Ltda.
1.ª Edição - Copyright© 2024 da autora
Direitos de Edição Reservados à Editora Appris Ltda.

Nenhuma parte desta obra poderá ser utilizada indevidamente, sem estar de acordo com a Lei nº 9.610/98. Se incorreções forem encontradas, serão de exclusiva responsabilidade de seus organizadores. Foi realizado o Depósito Legal na Fundação Biblioteca Nacional, de acordo com as Leis nos 10.994, de 14/12/2004, e 12.192, de 14/01/2010.

Catalogação na Fonte
Elaborado por: Josefina A. S. Guedes
Bibliotecária CRB 9/870

D159l
2024
	Damin, Marina Leitão
	   Lembrar e esquecer: o ciclo de vida dos objetos digitais no Instagram / Marina Leitão Damin. – 1. ed. – Curitiba: Appris, 2024.
	   193 p. ; 23 cm.
	
	   Inclui referências
	   ISBN 978-65-250-5502-2
	
	   1. Memória – Aspectos sociais. 2. Digital. 3. Instagram (Rede social on-line). I. Título.
	
	                                        CDD – 302

Livro de acordo com a normalização técnica da ABNT

Appris editora

Editora e Livraria Appris Ltda.
Av. Manoel Ribas, 2265 – Mercês
Curitiba/PR – CEP: 80810-002
Tel. (41) 3156 - 4731
www.editoraappris.com.br

Printed in Brazil
Impresso no Brasil

Marina Leitão Damin

LEMBRAR E ESQUECER
O CICLO DE VIDA DOS OBJETOS DIGITAIS NO INSTAGRAM

FICHA TÉCNICA

EDITORIAL	Augusto Coelho
	Sara C. de Andrade Coelho
COMITÊ EDITORIAL	Ana El Achkar (UNIVERSO/RJ)
	Andréa Barbosa Gouveia (UFPR)
	Conrado Moreira Mendes (PUC-MG)
	Eliete Correia dos Santos (UEPB)
	Fabiano Santos (UERJ/IESP)
	Francinete Fernandes de Sousa (UEPB)
	Francisco Carlos Duarte (PUCPR)
	Francisco de Assis (Fiam-Faam, SP, Brasil)
	Jacques de Lima Ferreira (UP)
	Juliana Reichert Assunção Tonelli (UEL)
	Maria Aparecida Barbosa (USP)
	Maria Helena Zamora (PUC-Rio)
	Maria Margarida de Andrade (Umack)
	Marilda Aparecida Behrens (PUCPR)
	Marli Caetano
	Roque Ismael da Costa Güllich (UFFS)
	Toni Reis (UFPR)
	Valdomiro de Oliveira (UFPR)
	Valério Brusamolin (IFPR)
SUPERVISOR DA PRODUÇÃO	Renata Cristina Lopes Miccelli
ASSESSORIA EDITORIAL	Priscila Oliveira da Luz
REVISÃO	Katine Walmrath
PRODUÇÃO EDITORIAL	Bruna Holmen
DIAGRAMAÇÃO	Andrezza Libel
CAPA	Sheila Alves
REVISÃO DE PROVA	Jibril Keddeh

Dedico este livro aos meus pais, à professora Leila Beatriz Ribeiro (in memoriam), ao meu sogro, Hugo Santos Martins Pinheiro (in memoriam) e a todas as mulheres pesquisadoras deste Brasil.

AGRADECIMENTOS

Este livro tem um pouco de cada pessoa que passou em minha vida. Das lembranças e vivências, do bom e do ruim, da peneira do que serve e do que não serve, das escolhas que fiz. E, por falar em escolhas, tenho uma a fazer aqui neste espaço. Pode ser que eu esqueça de alguém, pois a memória é falha, mas assumo o esquecimento. E busco na escolha não o querer agradar o outro, mas sim o ato de agradecer quem foi soma nesse processo até aqui.

Quero, primeiro, agradecer à pessoa que esteve comigo durante a escrita da tese e, consequentemente, deste livro. Que foi meu lar, meu par, meu compartilhar. Thiago, obrigada por me dar a mão e me ajudar a atravessar esse mar de dúvidas que é a escrita de algo novo. Obrigada por ser essa pessoa tão especial e por, junto com a Nikki, me dar tanta alegria, mesmo durante uma pandemia mundial. Obrigada por ser fortaleza e amor, leveza e paz.

Em segundo lugar, gostaria de agradecer aos meus pais pela vida, pelos ensinamentos e pelo apoio incondicional. Tenho certeza de que o meu gosto por aprender e ensinar começou com vocês. Muito obrigada. Amo vocês! Meus irmãos, Jorge e Márcio. Meus sobrinhos amados, Helô, Isa e Thi (em ordem alfabética). Ser tia de vocês me dá muito orgulho e é muito bom compartilhar esta existência com vocês! Sejam fiéis às suas essências, escolham sempre o caminho do bem e do conhecimento. Às pessoas da minha família que me apoiaram, torceram por mim e comemoraram cada conquista, vocês sabem quem são. Muito obrigada! Aos meus compadres, e em especial à minha afilhada Luiza: que este livro inspire você a concretizar teus sonhos.

À professora Vera Dodebei, a quem tanto admiro e por quem nutro um carinho imenso. Obrigada pela generosidade, pela acolhida, pelos seis anos como orientadora e por tudo que você fez por mim. Vão faltar vidas para eu conseguir retribuir. Se eu for 10% do que você é, já cumpri minha missão acadêmica.

Aos meus queridos professores da pós-graduação em Memória Social da UNIRIO, em especial à professora Leila Beatriz Ribeiro, que não está mais neste plano, mas deixou um lindo legado e muita saudade. Aproveito para agradecer também aos professores que partilharam seus saberes durante as bancas de qualificação e defesa do doutorado: Mônica Machado Cardoso, Valdir José Morigi, Maria Amália Silva Alves de Oliveira, Lobelia da Silva Faceira, Beatriz Polivanov.

Aos meus queridos amigos, que me acompanharam nesses anos, me fizeram sorrir, trocaram memes, foram ombro e abraço. Vocês são incríveis! Aos que participaram da *digital friendnography*, não há palavras no mundo para agradecer por fazerem essa minha ideia se materializar. Muito obrigada!

Por último, mas não menos importante, à Capes por dar suporte à minha pesquisa de doutorado e à pesquisa brasileira. Um país sem educação e sem pesquisadores é um país sem futuro. Viva a Ciência!

Escrever é esquecer.
(Fernando Pessoa)

PREFÁCIO

Memory matters in the digital age.
(José Van Dijck)

Ao entrar para o mestrado na UNIRIO, Marina escolheu como campo temático de estudos as relações da memória com o patrimônio cultural, tema que mais se aproximava dos objetos de pesquisas da mencionada linha de pesquisa. A minha participação nesse relacionamento foi estabelecida por nosso interesse, Marina e eu, em estudar o mundo digital. Naturalmente, Marina me procurou para acompanhá-la nesses primeiros anos de vida acadêmica.

Naquela época eu já desenvolvia alguns projetos voltados para a questão informacional e a memória social, como nas discussões sobre "o fenômeno da informação-memória"; "rastros memoriais na web"; "a representação metafórica do ciclo de vida do objeto digital", que é o núcleo teórico-metodológico e conceitual de sua tese de doutoramento.

Lembrar e esquecer: o ciclo de vida dos objetos digitais no Instagram, objeto deste prefácio, é a tese de doutoramento de Marina, que, de certo modo, demonstra que a pesquisadora, com mais de 30 publicações entre artigos e apresentação de trabalhos, tem uma produção intelectual invejável no campo da digitalidade, com ênfase na memória social e, em especial, no binômio lembrar e esquecer.

Partimos da sinopse da autora para resumir o texto de sua tese, agora transformada em livro. O que são objetos digitais? Qual a relação entre memória e objetos digitais? Como pensar um ciclo de vida para os objetos digitais no Instagram. Quais são as diferentes temporalidades desses objetos?

Essas são algumas perguntas respondidas em *Lembrar e esquecer*. Apresentamos aqui também reflexões sobre outras pesquisas desenvolvidas como, por exemplo, a relação entre os objetos, histórias de vida, conexões: por uma ecologia de restos memoriais digitais, trazendo luz aos debates teóricos sobre a cadeia <objeto digital<produção<circulação>apropriação>reutilização de restos memoriais>.

Boa leitura!

Vera Dodebei
Professora Titular da Universidade Federal do Estado do Rio de Janeiro (UNIRIO). Docente e pesquisadora no PPGMS (UNIRIO), doutora em Comunicação e Cultura (ECO-UFRJ) e mestre em Ciência da Informação (IBICT-UFRJ)

APRESENTAÇÃO

Este livro é uma adaptação da minha tese de doutorado — *Memória e ciclo de vida dos objetos digitais no Instagram*. Dessa forma é, antes de mais nada, um ponto de fechamento de um longo processo. Do projeto para entrar no doutorado em Memória Social na Universidade Federal do Estado do Rio de Janeiro, a UNIRIO, até o resultado materializado nestas palavras, as inquietações que aqui se encontram foram incitadas, pensadas, articuladas durante os quatro anos do doutorado. Não é possível dizer que todas foram respondidas, mas, certamente, serviram para construir este recorte de algo que espero originar outros tipos de questões, semente para outros pensares.

Portanto, o livro *Lembrar e esquecer: o ciclo de vida dos objetos digitais no Instagram* é uma proposta para tratar as diferentes instâncias da relação entre a memória e os objetos digitais no Instagram, entendendo-os como suporte e mediadores de memória. Assim, coloco como objetivo geral deste texto: traçar o ciclo de vida dos objetos digitais no Instagram a partir da perspectiva da memória. Para isso, transito pela definição de objeto digital e, mais especificamente, delimito conceitualmente o que é um objeto digital no Instagram, bem como analiso as estruturas invisíveis no Instagram e os possíveis impactos à memória.

As diferentes relações temporais referentes aos objetos digitais no Instagram e a relação entre memória e objetos digitais, a partir da perspectiva do fim do Instagram, também são identificadas. Dessa forma, busco traçar um possível ciclo de vida dos objetos digitais no Instagram, integrando a memória como vetor.

Por ser um novo campo, complexo e transdisciplinar, que envolve pessoas e técnicas, a metodologia utilizada — *digital friendnography* — foi criada como um experimento pontual, o que considero um "esticamento" dos métodos já utilizados na antropologia, mas com pontos específicos relacionados ao digital e que me permitiram navegar por lugares conhecidos, porém com um necessário olhar de estranhamento.

Com um panorama estruturado desde o primeiro capítulo, monto, ao final, o quebra-cabeça, organizando os conceitos abordados para formar o ciclo de vida dos objetos digitais no Instagram. Certamente não pretendo que este livro carregue supostas verdades universais ou que se encapsule em si mesmo, não dando chance ao contra-argumento ou à construção coletiva. Ele é a peça de uma ideia que se articula na vontade de olhar para o contemporâneo como produtor de lembranças e que será, em algum momento, estudado como passado.

Assim, desejo a você uma ótima leitura! Que este livro, feito com tanto afeto, produza novas e interessantes reflexões.

SUMÁRIO

1 INTRODUÇÃO 17
   1.1 O INSTAGRAM 18
   1.2 TESTE DE CAMPO COMO INÍCIO DA PESQUISA: DESCRIÇÃO DENSA E ANÁLISE . 21
   1.3 HIPÓTESES E OBJETIVOS 31
   1.4 *DIGITAL FRIENDNOGRAPHY*: A CRIAÇÃO DE UMA METODOLOGIA EXPERIMENTAL DE PESQUISA 36
   1.5 COMO ESTE LIVRO ESTÁ ORGANIZADO 38

2 OBJETOS DIGITAIS 41
   2.1 AS DIFERENTES DEFINIÇÕES DE OBJETOS DIGITAIS 42
      2.1.1 Objetos físicos, lógicos, conceituais e experimentados 44
      2.1.2 Materialidade e imaterialidade dos objetos digitais no Instagram 47
   2.2 A IMAGEM 52
      2.2.1 O que é uma imagem? 52
      2.2.2 A imagem como representação e criação 54
   2.3 OS OBJETOS DIGITAIS NO INSTAGRAM 61
      2.3.1 Partes fixas no Instagram 61
      2.3.2 Partes voláteis no Instagram 67
      2.3.3 Objetos digitais originais e modificados no Instagram 71

3 AS ESTRUTURAS (IN)VISÍVEIS DO INSTAGRAM 75
   3.1 *BIG DATA* E ALGORITMOS 76
   3.2 A POLÍTICA DE DADOS DO INSTAGRAM 82
   3.3 A MUDANÇA PARA META PLATFORMS 87
   3.4 AS ESTRUTURAS (IN)VISÍVEIS DO INSTAGRAM E A MEMÓRIA 96

4 AS DIFERENTES TEMPORALIDADES DOS OBJETOS DIGITAIS NO INSTAGRAM 103
   4.1 O TEMPO CRONOLÓGICO 104
   4.2 O TEMPO DOS OBJETOS DIGITAIS 109
   4.3 O TEMPO VIVENCIADO 115
      4.3.1 Henri Bergson e o tempo na memória individual................... 116
      4.3.2 Maurice Halbwachs e o tempo na memória coletiva 118
      4.3.3 O tempo vivenciado na relação com os objetos digitais no Instagram .. 121

5 THIS IS THE END, BEAUTIFUL FRIEND: CENÁRIOS SOBRE O FIM DO INSTAGRAM..129
  5.1. OS PROCESSOS DE MEMORAÇÃO.. 132
  5.2 RASTROS DIGITAIS E RASTROS MEMORIAIS 136
  5.3 O FIM DO INSTAGRAM: UM PARALELO COM O ORKUT..................... 139
  5.4 PONDERAÇÕES SOBRE A PRESERVAÇÃO DOS OBJETOS DIGITAIS NO INSTAGRAM 149

6 A INSERÇÃO DA MEMÓRIA NO CICLO DE VIDA DOS OBJETOS DIGITAIS NO INSTAGRAM 155
  6.1 RODA DE CONVERSA PARA A *DIGITAL FRIENDNOGRAPHY*................. 157
  6.2 O CICLO DE VIDA DOS OBJETOS DIGITAIS NO INSTAGRAM 161

7 CONSIDERAÇÕES FINAIS..171

8 POSFÁCIO, PÓS-TESE E PRÉ-LIVRO 175

REFERÊNCIAS..177

ÍNDICE REMISSIVO 191

1

INTRODUÇÃO

Este livro é uma adaptação da minha tese de doutorado — *Memória e ciclo de vida dos objetos digitais no Instagram*. Mas, antes de abordar a minha pesquisa, quero trazer um pouco do meu percurso até aqui. Desde a graduação em Publicidade e Propaganda na Universidade de Caxias do Sul, no ano de 2005, e posterior inserção na área de marketing digital, o meio *online* se tornou um ambiente próximo (e instigante) para tratar de questões para além do mercado de trabalho. Assim, em 2014, ao ingressar no Programa de Pós-Graduação em Memória Social (PPGMS) da UNIRIO, pesquisar o digital no âmbito da memória foi uma escolha natural. Ao mesmo tempo em que a familiaridade com o campo se aproximava de mim, também eram descobertas camadas de pesquisa ainda inexploradas.

Escolhi, então, como foco da dissertação de mestrado — *Tommy Edison: um estudo de caso sobre a relação entre a Memória Social e a deficiência visual no YouTube* (DAMIN, 2016) — o canal *Tommy Edison Experience* no YouTube, de Tommy Edison. Este, americano, crítico de cinema e cego, publica vídeos sobre suas vivências e experiências com a cegueira. Foram analisados na pesquisa dois vídeos — *Growing Up Blind* e *How My Parents Told Me I'm Blind* —, bem como os comentários dos usuários do YouTube, com o objetivo de identificar a existência de rastros memoriais sobre a deficiência previamente nomeados por meio de uma pesquisa sócio-histórica.

Utilizando uma abordagem interdisciplinar, busquei uma aproximação dos estudos sobre deficiência, Memória Social, identidade e mídias digitais. Esse último tópico trouxe pontos importantes que demandariam mais fôlego para aprofundar a atuação do binômio lembrança/esquecimento nos meios digitais, os rastros e restos, e as discussões sobre arquivamento que perpassam esses meandros conceituais.

1.1 O INSTAGRAM

Com a motivação de explorar esses caminhos no doutorado, o primeiro intuito foi o de pesquisar sobre a funcionalidade *histórias* na plataforma Instagram, que, apesar de não ser tão nova do ponto de vista da velocidade tecnológica, ainda tem pouca articulação com a Memória Social. As *histórias*[1] são uma área na plataforma Instagram para a publicação de fotos, vídeos, ilustrações e textos. Estes, que chamei de **objetos digitais com extinção programada** (ODEPs), duram 24 horas, caso o usuário não deseje arquivá-los. Utilizarei os formatos *histórias* e *história* para demarcar o termo como uma funcionalidade da plataforma Instagram e diferenciá-lo dos outros significados das palavras histórias, história e História.

O Instagram é tratado neste texto como uma plataforma, a partir da visão de José Van Dijck, Thomas Poell e Martijn De Waal (2018), por ser uma arquitetura digital programável e por organizar as diferentes interações entre usuários de todo tipo, não só os usuários finais, mas corpos públicos e corporações, coletando, processando algoritmos, monetizando sistematicamente e fazendo circular os dados e informações dos usuários. O Instagram é uma plataforma que tem como foco a imagem, seja por meio da fotografia ou do vídeo, com a possibilidade de realizar intervenções de texto, ilustrações, sons e GIFs (formato que contempla uma série de imagens que formam uma animação), bem como a de fornecer dados de geolocalização.

Além disso, propicia a interação com outros usuários por meio de mensagens privadas, a exposição (de maneira pública ou privada) de conteúdo imagético e a possibilidade de interação com esse conteúdo através das ações de comentar, curtir, compartilhar e salvar. Essa plataforma é, em uma visão macro, um objeto digital que apresenta em sua constituição outros objetos digitais, como as fotos, os vídeos e textos publicados, por exemplo.

---

[1] A funcionalidade *histórias* será mencionada em itálico para diferenciá-la de outros conceitos com o mesmo nome.

Figura 1 – Telas de algumas áreas da plataforma Instagram

Fonte: INSTAGRAM, 2018, *online*

Os objetos digitais (FERREIRA, 2006) são entendidos estruturalmente como um fluxo formado pelo objeto físico (*hardware*), objeto lógico (*software* e algoritmos), objeto conceitual (formas digitais, mas reconhecíveis pelos humanos, como o desenho da engrenagem que significa um local de manutenção, as configurações) e objeto experimentado (o objeto interpretado individualmente). Eles são também objetos mediadores de memória (VAN DIJCK, 2007). Os objetos digitais no Instagram podem ser publicados pelo usuário de diferentes formas. Como o conteúdo deste livro contempla o conteúdo da pesquisa de doutorado, convido você a um passeio pelo Instagram de 2018 a 2020 que hoje, enquanto você lê estas palavras, já não apresenta as mesmas ferramentas. Portanto, até 2020, as possibilidades de publicação eram:

a. no *feed*: quando o aplicativo é acionado, esta é a página inicial da plataforma e é onde aparecem as imagens publicadas pelos perfis seguidos pelo usuário. Quando o usuário decide publicar uma fotografia ou vídeo no *feed*, ele aparecerá também na área do perfil. Essas imagens, quando publicadas, são denominadas *posts* ou publicações;

b. nas *histórias* ou *stories*: área em que as imagens e vídeos podem durar 24 horas ou mais, de acordo com a vontade e a ação do usuário;

c. nas transmissões ao vivo;

d. no IGTV: área do Instagram que permite a criação e publicação de vídeos mais longos, similar ao YouTube.

Apesar de tratar os objetos digitais como um todo, existem algumas especificidades em perfis profissionais, como a possibilidade de criação de anúncios e visualização de estatísticas de acesso, que fazem com que haja algumas diferenças no ciclo de vida dos objetos digitais. Entretanto, o foco aqui está nos perfis pessoais.

Um outro ponto importante é explicar por que usei o termo *no* Instagram e não *do* Instagram. Como estou considerando o conceito de *polymedia* (MADIANOU; MILLER, 2013) — no qual os usuários escolhem quais plataformas são as mais adequadas de acordo com seus relacionamentos, podendo transitar entre mais de uma delas —, ao tratarmos de objetos digitais *no* Instagram, pretendo localizar nossa perspectiva a partir de dentro e somente dentro dessa plataforma.

Entre as plataformas, o Instagram foi escolhido por ser, em 2020, a quarta plataforma mais usada no Brasil (WE ARE SOCIAL; HOOTSUITE, 2020), sendo o país o terceiro em número de usuários na plataforma (STATISTA, 2020), com 72 milhões de usuários. Em primeiro lugar, está Estados Unidos, com 116 milhões de usuários, e a Índia, com 73 milhões.

Como início da pesquisa, em julho de 2017, foi realizado um teste de campo para verificar o funcionamento das perguntas pensadas para um primeiro questionário. Um amigo aceitou participar do teste de campo e essa relação de muito tempo facilitou a proximidade entre entrevistador e entrevistado.

O escolhido para a realização desse experimento em etnografia digital (também explicado a seguir) foi Carlos[2], 37 anos, gênero masculino, casado, morador de São Marcos, cidade localizada na Serra Gaúcha. Amigo há mais de 20 anos, desde 1998, quando estudava na mesma escola, no curso técnico em Processamento de Dados. Carlos trabalha em uma cidade próxima, Caxias do Sul, em uma empresa especializada em outdoors. Ele pratica *mountain bike* e corrida, esporadicamente, atividades de grande importância para ele.

O teste aconteceu por duas noites seguidas, em um hotel na cidade de Arraial do Cabo, no Rio de Janeiro. De férias, o entrevistado se mostrou relaxado em sua postura corporal e, a cada pergunta, não

---

[2] Nome modificado para preservar a identidade do entrevistado.

só respondia, mas navegava pelas diferentes plataformas, de modo a ilustrar seu discurso. O teste resultou em uma descrição densa e análise das descobertas, que apresento a seguir.

1.2 TESTE DE CAMPO COMO INÍCIO DA PESQUISA: DESCRIÇÃO DENSA E ANÁLISE

Carlos se prepara para publicar na seção *histórias* do Instagram. Escolhe a foto de uma porta verde com um cartaz colado, escrito à mão, no qual é possível ler "Sacolé gourmet" e, logo abaixo, os sabores. Ele, então, seleciona o *emoticon* de uma seta amarela para realizar uma intervenção na imagem, o insere de maneira que aponte para o cartaz e o redimensiona, aumentando a seta de tamanho. *Emoticon* ou *emoji* são os desenhos utilizados digitalmente para representar ações, objetos e emoções. Comenta que falta uma busca para os *emoticons*. Diz que não irá colocar o emoticon de localização por não querer mostrar que está viajando, pois mora em uma cidade pequena e teme pela segurança da casa. Adiciona o texto "Não falta + nada!". Por fim, publica a foto.

Comenta que normalmente escolhe a foto que tirou no dia e, às vezes, usa uma foto salva de algum grupo do WhatsApp. Ele abre o WhatsApp e mostra o grupo dos amigos que pedalam juntos todos os sábados. Mostra as fotos do grupo. Abre a galeria de fotos do celular e mostra as últimas imagens que publicou no Instagram. Diz que costuma salvar as fotos e vídeos. Mostra no *feed* as fotos de uma prova de ciclismo em São Francisco de Paula, Rio Grande do Sul, que não apresenta nenhuma intervenção gráfica feita posteriormente. Só aparecem quatro fotos na galeria do celular porque fez o backup e limpou o celular antes de viajar. Abre outra pasta na galeria de imagens do celular. Mostra um vídeo que diz que gostou e que gravou direto. O vídeo — feito com a funcionalidade Boomerang[3] — mostra Carlos levantando uma garrafa de cerveja (que, posteriormente, diz conter cachaça) para beber. Há um texto sobre a imagem: "Bitoca na Mineira! Kkk". No final do texto, um emoticon sorrindo.

Ele ressalta que deixa as publicações do *histórias* salvas e pergunto por que ele salva. Ele diz que deixou marcada no aplicativo Instagram a opção de deixar salvo para ficar no celular dele. Ressalta que fez essa

---
[3] Funcionalidade que permite que um vídeo de curta duração seja reproduzido em looping.

escolha porque geralmente não filma ou fotografa direto do Instagram, mas quando o faz, fica salvo. Diz que não tem muita coisa feita para o *histórias*, mas que é tudo bobagem. Abre a galeria de fotos do celular e mostra o vídeo das afilhadas, dois usando a funcionalidade Boomerang e um vídeo filmado normalmente. Salienta que elas adoraram e, após a filmagem com o Boomerang, queriam ver o resultado.

Volta para a galeria do celular e mostra a foto de um café sendo feito em uma cafeteira e as frases "Bom dia! Agora vai!". Fala que é um café que foi feito no escritório e afirma, novamente, que é tudo bobagem. Mostra outro vídeo, agora de um trator em uma plantação frutífera, visto sob o ponto de vista de quem o dirige. Ele explica que é um vídeo de quando foi trabalhar no campo, colhendo para o pai dele. Percebe que esqueceu de apagar do celular os vídeos que fez para o *histórias*.

Novamente voltando para a galeria, escolhe o vídeo de um pedaço de carne assando em uma grelha na churrasqueira e a frase "Quinta é dia" e, abaixo, a localização: São Marcos, Rio Grande do Sul, Brasil. Ele diz que sempre edita ou coloca alguma coisa (texto, *emoticons*) em cima. Retorna à galeria e abre o vídeo de uma cafeteira de expresso fazendo café (Figura 2). Em cima, está escrito "Bom dia!" acompanhando a ilustração de um relógio, que mostra a hora, seis horas da manhã. Diz, novamente, que é muito difícil publicar sem editar nada.

Figura 2 – *Print screen* de vídeo publicado nas *histórias*

Fonte: INSTAGRAM, 2018, *online*

Pergunto por que ele publica no *histórias* e não no *feed* do Instagram. Ele explica que o critério é:

> No feed *publico algo que, quando alguém olhar daqui a dois anos, vai entender ou algo que pode ter uma informação relevante, eu diria, atemporal. No* histórias *quando é bobagem. Não tem por que a foto de um churrasco na terça à tarde alguém olhar. Então, eu coloco nas* histórias, *que justamente some, quando é coisa bem temporal mesmo, uma coisa que não adianta olhar semana que vem porque não vai ver. Se eu pensar "ah, isso aqui não tem por que ver depois"* (informação verbal)[4].

Entra no Instagram e me mostra a última foto que publicou no *feed*, referente a uma prova de corrida em São Francisco de Paula, Rio Grande do Sul. São duas fotos. A primeira mostra ele e um amigo, a

---
[4] Entrevista concedida por Carlos: **Entrevista I**. [julho. 2017]. Entrevistador: Marina Leitão Damin. Arraial do Cabo, 2017. 2 arquivos .mp4 (totalizando 16 min. e 35 seg.), 1 arquivo.mp3 (11 min.).

segunda, a foto da largada da corrida. A legenda — que no Instagram é a mesma quando são publicadas mais de uma imagem, formando um álbum de fotos — que aparece é "Audax e Trail Run em São Chico ontem! Parceria do @fulano[5] na dupla e da @fulana no apoio". Complementa, dizendo: *"Bom, é uma coisa legal, vai ficar pra sempre aí"*.

Carlos continua a navegar no *feed* de seu Instagram, abre uma foto e explica que se trata de uma nova trilha que abriram para pedalar em São Marcos. Ressalta que é uma foto bonita e que *"pode ver que são umas fotos que ficam por mais tempo"* (informação verbal).

Aponta para mais uma foto, abre a imagem de um outdoor e conta que também publica fotos de trabalho. C. volta para a linha do tempo do Instagram e afirma que não publica muitas coisas, apontando a 17ª foto pela ordem cronologicamente inversa de publicação, do réveillon de 2016 para 2017.

Pergunto se ele lembra da primeira publicação e ele diz que não lembra, mas que sabe que faz muito tempo. Então, ele navega até a primeira foto publicada no *feed* e clica para abri-la. É a foto do nascer do sol com neblina no lago de uma barragem e a legenda "Sol x maestra" com a data de 14 de junho de 2013.

Observa que, quando não existia a funcionalidade *histórias*, publicava a foto do cafezinho, do chimarrão, da pizza. "É justamente por isso que eu gosto do *histórias*, *para esse tipo de coisa. Comendo um hambúrguer. E daí?"* (informação verbal). Carlos aponta para a foto de uma medalha e, depois, para a foto com a afilhada, mostrando que existe uma diferença de "valor" entre estas e a foto de um hambúrguer. Mostra outra foto, dessa vez de um churrasco, e diz que deve ser de quando o *histórias* surgiu, porque não era possível ver fotos mais recentes desse tipo no *feed*.

Pergunto se ele já usou o recurso de "ao vivo" do Instagram. Carlos responde que não, que a única vez que usou foi no Facebook (ele fecha o Instagram e faz menção de abrir o Facebook, mas não completa o movimento), em um passeio ciclístico que organizou em São Marcos; se posicionou em um ponto para filmar a largada dos 450 participantes.

Carlos volta para a home do Instagram, clica na *história* que publicou e, depois, nas visualizações dessa publicação. Observa que

---

[5] Nomes trocados para preservar a identidade das pessoas citadas pelo entrevistado.

o número de pessoas que viram a imagem não é o mesmo que o dos perfis que a visualização mostra, porque o *histórias* é público, não interessando se o perfil é aberto ou não. Carlos volta para a navegação do *histórias* e diz que o mais legal para ele é, por meio da localização, ver quem daquela área também publicou. Clica em Arraial do Cabo e completa, apontando para as fotos que aparecem via geolocalização: "*Se tu vai em um lugar diferente e não tem o que fazer, vai ver as fotos de gente que postou aqui*" (informação verbal). Ressalta que é uma funcionalidade nova, com menos de 15 dias.

Carlos diz que dificilmente respondem as *histórias* dele, que a interação é rara. As interações, então, geralmente acontecem pelo Facebook (afirma que para ele é uma rede social que já passou, que não tem mais muita paciência para usar), mas mais ainda pelo WhatsApp. Comenta que essa última é a rede antissocial. Carlos entra no WhatsApp e mostra o grupo da família, que tem como nome o endereço da casa de sua mãe e é composto pelos pais, irmão, cunhada, ele e a esposa.

Ele passa, então, para as mensagens no Instagram, abrindo diversas voluntariamente. Abre uma delas e mostra que respondeu a uma *história* da prima e o namorado, que estavam em um bar bebendo. Carlos tinha contado recentemente à família, via o grupo do WhatsApp dos primos, que sua esposa estava grávida, o que gerou várias piadas. Sua resposta à *história* da prima foi "bebe e depois fica fazendo bisnetos". Abre outra mensagem e mostra seu diálogo com o primo. Primeiro, Carlos respondeu a uma *história* do primo sobre estar às 20h no escritório. C. respondeu com o vídeo feito com o Boomerang bebendo a cachaça, mencionado anteriormente, adicionando "Toma uma pra desestressar hAhA". Ele conta que foi no mesmo dia que estava "brincando" fazendo o vídeo da cachaça.

Carlos abre outra mensagem, agora dele com a esposa, e mostra que compartilha, via mensagem, algumas publicações de outros perfis que acha interessante. Ressalta que quando vê uma publicação legal, encaminha para alguém. Abre mais uma mensagem, que responde a uma *história*, e diz que não se lembra sobre qual *história* fazia referência o comentário "Fogo nas pedras". Então, ele se recorda que era referente a uma foto de um amigo que estava no hospital para eliminar pedras no rim. Ressalta que são só comentários que aparecem na mensagem, mas que não lembra sempre quais são suas respectivas *histórias* porque na mensagem essas imagens e vídeos não aparecem.

A quarta mensagem aberta por Carlos faz referência à *história* de um amigo que está de cama se recuperando de um acidente de bicicleta no qual quebrou cinco vértebras e que publicou uma imagem dele comendo Neston. Carlos enviou a mensagem "Vai criar barriga hahahagha" e obteve como resposta "Já foi... vamos tentar resolver isso!!!". Ele abre outra mensagem, agora da nutricionista, que responde às publicações de comida dele com *emoticons* assustados. Pergunto se a conversa a partir do *histórias* não evolui e ele responde negativamente, afirmando que as respostas são todas curtas.

A quinta mensagem aberta é sobre o interesse de Carlos de praticar crossfit. O amigo, então, compartilha uma publicação com o convite do local em que ele pratica. A última mensagem é, para Carlos, um exemplo de mensagem útil. Trata-se da mensagem de um amigo que enviou o contato de um guia que faz trilhas no Rio de Janeiro. Afirma que decidiu fazer a trilha com base no perfil do guia, pois achou legais as fotos que ele costuma publicar.

Ao ser questionado sobre o que pensa ou sente ao publicar uma *história*, Carlos diz que procura postar coisas engraçadas, não coloca nada de política. "*Eu gosto de olhar pra ver bobagens, acho que tem tanto lugar pra ver coisa séria [...] eu tento colocar coisas divertidas. Se os outros vão achar, não sei* [risadas]."

Menciono novamente o fato de ele armazenar as *histórias*. Ele fala que guarda, porque, às vezes, quando publica direto, saem algumas coisas legais e porque gosta de fazer o backup do backup, sem um motivo específico, só por mania. Explico que o motivo de retomar esse assunto é porque gostaria de saber se ele se arrepende de não ter armazenado alguma coisa, mas como ele salva tudo, essa pergunta não faria sentido. Então Carlos lembra que viu a *história* de sua nutricionista, que deixou para fazer o *print* da tela depois, esqueceu e perdeu. Que ele gostaria de ter salvado, sabe quem publicou e, se não tivesse sido apagado, hoje poderia entrar lá e olhar de novo. Menciona que a *história* era sobre ele, mostrando a primeira vez que foi lá, em 2012, e agora. Pergunto se ele pediu a imagem para ela depois e ele responde que não, mas que é uma boa ideia. Em seguida, pega o celular para adicionar um lembrete.

Pergunto, então, quem assiste às *histórias* dele. Carlos diz que são, geralmente, as mesmas pessoas e que, muitas vezes, são os mesmos que estavam junto dele na hora da foto ou do vídeo. Exemplifica dizendo que quando vai pedalar e faz uma *história* os primeiros que assistem são os que estavam junto e as respectivas esposas. Questiono se ele costuma ver quem assistiu e ele responde que quando faz alguma *história* é porque está com tempo sobrando e, então, acaba olhando. Ressalta que não verifica a "audiência" como uma obsessão e menciona que quando publicou a *história* no dia anterior olhou na hora, mas depois não olhou mais.

Carlos mostra as visualizações da *história* com a foto do sacolé (mencionada anteriormente) e diz que não entende por que um usuário X fica por primeiro na lista de visualizações, que tem curiosidade de saber por que essa é a ordem que aparece, pois não é por ordem de visualização. Lembra que, assim que publicou essa *história*, outra pessoa apareceu como a primeira a ver. Questiono se não é por ordem de interação e ele responde que nunca trocou mensagens com esses usuários e que o primeiro é só "*conhecido de dar bom dia, boa tarde, boa noite, nunca sentei numa mesa para jantar com ele*". Aponto que a *história* teve 150 visualizações e pergunto quantos o seguem. Ele responde que 778 perfis o seguem e ele segue 1.335 perfis, tendo 90 publicações.

Pergunto se ele costuma usar a funcionalidade Boomerang e Carlos diz que utiliza pouco, que geralmente publica foto, mas que, nas duas vezes que usou, o fez para criar um vídeo engraçado e para divertir as afilhadas. Questiono quem frequentemente aparece nas *histórias* dele e Carlos conta que é muito difícil ele aparecer, que costumeiramente ele publica imagens e vídeos de comida, bebida. Ele diz que "*comer sushi e não colocar no Instagram, faz mal [risos], mas eu sou do contra. Se todo mundo coloca sushi e eu vou comer sushi, eu não coloco. Não gosto de ir com a manada, daí eu coloco ao contrário*".

Após a entrevista, Carlos menciona que o aplicativo que mais utiliza e interage se chama Strava, no qual ele publica seu desempenho ao praticar exercícios — geralmente corrida de rua e *mountain bike* — inserindo por geolocalização o percurso e a duração do trajeto. Posteriormente, ele pode verificar quem participou também ou interagir com pessoas que estão adicionadas como amigos nesse aplicativo.

Ao longo da realização da *friendnography*, foi possível perceber que a confiança do entrevistado com a pesquisadora se mostrou fundamental para o aprofundamento nas diversas camadas de uso e interação do Instagram e do celular em si. Uma pessoa estranha provavelmente não teria acesso à intimidade do entrevistado, e penso que o afetar e ser afetado acontece antes da pesquisa, pois há um contexto de 19 anos de amizade. Existe também uma necessidade de não "completar" sentenças e sugestionar o entrevistado, pois muito se sabe sobre ele. Em meio a esse desafio, novos aprendizados foram se desdobrando.

É possível perceber que a fala do entrevistado acompanha o uso, ou seja, sempre que ele queria falar sobre alguma coisa, acabava mostrando. Em diversos momentos, fez o movimento de sair do Instagram e abrir outra mídia social para ilustrar o que estava falando. Podemos trazer aqui o conceito de *polymedia*, desenvolvido por Madianou e Miller (2013), que remete a essa multiplicidade de canais de comunicação pessoal e seus diferentes usos.

Além disso, a fluidez com a qual transitava pelo celular reforça os pensamentos de Horst e Miller (2012) de que a tecnologia se tornou uma extensão do nosso corpo a ponto de que só percebemos que existe uma materialidade quando algo se quebra. Essa materialidade, composta por circuitos eletrônicos, "zeros e uns", por sua vez, deixa rastros digitais.

Podemos ir mais além se pensarmos que há um entrelaçamento entre o *online* e o *offline*. Os rastros que ficam no *online* também poderiam criar marcas ao se deslocarem para o social, para as interações humanas corpo a corpo, e vice-versa. Se pensarmos na gravidez da esposa de Carlos, notícia dada aos primos pelo grupo no WhatsApp, o rastro textual, de áudio ou imagético, poderia ser armazenado, diferente do relato oral para comunicar o fato. Ao mesmo tempo, a notícia dada pelo casal oralmente aos avós, segundo relato de Carlos (posterior à entrevista), vira rastro ao ser propagada aos outros parentes também pelo WhatsApp. Carlos relata que ele e a esposa queriam aguardar, pois a descoberta é recente, mas a avó insistiu em contar aos parentes via WhatsApp. Assim, o aplicativo facilitou e potencializou o alcance da mensagem, que já é armazenada no nível da ferramenta e pode também ser armazenada pelo usuário.

No caso das *histórias*, o fato de Carlos armazenar as imagens e vídeos e, posteriormente, realizar o backup destes na nuvem traz uma importante reflexão. Ao mesmo tempo em que ele usa como critério a relevância e a temporalidade para estabelecer se um objeto digital será publicado no *feed* ou nas *histórias*, ele salva esses objetos digitais com extinção programada. Ou seja, é um duplo salvar, porque a foto ou vídeo originais também estão armazenados, já que, na maioria das vezes, eles foram produzidos antes da publicação da *história* — no caso de objetos digitais compartilhados em grupos de WhatsApp, um triplo salvar, uma tripla preservação. Então, apesar de considerar o que publica nas *histórias* como objeto de diversão e efemeridade, ele os armazena dupla, triplamente. Além disso, reconhece que, às vezes, tem a sensação de perda ao esquecer de fazer o *print screen* na *história* de outras pessoas quando é algo interessante, como foi o caso da imagem da nutricionista com a sua evolução nos cinco anos de tratamento para perda de peso.

Existe, então, o desejo de guardar, o medo da perda. Carlos publica conscientemente, no *histórias*, imagens que não têm valor futuro, fatos do cotidiano e, também, o que pensa que merece ser guardado, dentro dessa dinâmica do cotidiano — imagens e vídeos atemporais, segundo palavras dele. Ao mesmo tempo, considera a linha do tempo do Instagram como um espaço para armazenar permanentemente suas publicações, sem refletir que essa é uma empresa pertencente ao guarda-chuva do Facebook[6] e que não garante armazenamento "eterno". Ou seja, o usuário não tem o controle total de preservação de suas próprias produções de conteúdo.

Outra questão que pode ser abordada a partir da entrevista é a da ambivalência e princípio de abertura e fechamento[7] quando Carlos menciona que não colocará sua localização nas *histórias* por motivo de segurança. A mesma funcionalidade de geolocalização que utiliza para ver as fotos das localidades que visita ele evita usar para que não saibam, em sua cidade, que está viajando e não tem ninguém na casa.

Para Carlos é possível perceber que as *histórias* retratam ações do cotidiano, trazendo sempre o fator humor como elemento, sendo que essas publicações, antes do surgimento da funcionalidade *histórias*, tinham lugar apenas no *feed*. Foram, ao todo, 90 publicações no

---

[6] Atualmente a empresa se denomina Meta Platforms. Abordarei essa mudança no capítulo "As estruturas (in)visíveis do Instagram".

[7] Do original: "ambivalence and the principle of openness and closure" (HORST; MILLER, 2012, p. 21).

feed, desde 2013, e 30 de vídeo nas *histórias*[8], funcionalidade lançada pelo Instagram em 2016. Outro ponto importante é que essas *histórias* algumas vezes geram interações, mas que o sentido se perde, pois a própria imagem se perde. Dessa maneira, cabe à lembrança preencher essa lacuna que a imagem não pode mais fazer.

Então, o que resta das *histórias* são as ruínas, compostas pelas mensagens, mas uma reconstrução parcial desses objetos digitais com extinção programada só pode ocorrer por meio da memória, em um embate entre a lembrança e o esquecimento. As interações mais completas, longas e duradouras parecem não acontecer nas mensagens do Instagram, no caso de Carlos, mas em outras mídias sociais, especialmente nos grupos de WhatsApp.

Outro ponto importante é que, no Instagram, os objetos digitais com extinção programada mostram, após a publicação e pelo tempo de 24 horas, quantas pessoas visualizaram a *história*, mas somente os amigos do perfil aparecem identificados por meio de suas fotos. Nas *histórias* de Carlos, é possível verificar que há um prolongamento da rede *offline* no meio *online*, mas também um outro conjunto de pessoas, que são apenas conhecidas e se mostram presentes como "espectadores" assíduos desses objetos digitais.

Por fim, é possível relacionar as diferentes temporalidades dos objetos digitais com extinção programada e da funcionalidade Boomerang. Enquanto o primeiro tem um tempo finito de 24 horas, o Boomerang replica, dentro desse tempo, repetições de movimento. O começo é o fim e novamente é o começo que se transforma no fim. O *looping* parece congelar o instante como se fosse um movimento infinito dentro de um tempo finito. Mas, diferente da memória, esse instante não se recria, não se atualiza, não se recicla, apenas se repete. E, diferente dos posts inseridos no *feed*, os objetos digitais com extinção programada não produzem rastros no nível do usuário. A menos que sejam salvos, como faz Carlos todas as vezes que publica algo em suas *histórias*.

---

[8] Devido ao backup feito anteriormente à viagem, não foi possível ter acesso às fotografias publicadas nas *histórias*.

1.3 HIPÓTESES E OBJETIVOS

Posterior ao teste, foi compartilhado um questionário a partir do meu perfil pessoal no Facebook[9] com o intuito de selecionar pessoas que publicavam regularmente nas *histórias* do Instagram. Recebi 248 respostas, sendo que 122 usavam a funcionalidade. Foram, então, selecionadas pessoas residentes nas cidades de Rio de Janeiro e Niterói, que publicavam *histórias* no Instagram de cinco a sete vezes por semana. Oito pessoas se encaixavam nesse perfil, mas, após contato por e-mail e mensagem no Facebook, apenas cinco se mostraram dispostas a participar da pesquisa.

Com a intenção de realizar uma etnografia digital, fiz, primeiramente, uma entrevista com essas cinco pessoas, com idades entre 27 e 45 anos, e variadas profissões nas áreas de comunicação, tecnologia e saúde. As entrevistas foram realizadas entre 23 de março e 16 de abril de 2018 e originaram diversos *insights* dentro de um trabalho em construção.

A etnografia digital está inserida na Antropologia Digital, que, como subdisciplina da Antropologia, de acordo com Heather Horst e Daniel Miller (2013, p. 3 e 4), se apoia em seis princípios, aqui resumidos:

1. o digital intensifica a natureza dialógica da cultura, de sua redução ao código binário às produções de particularidades e universalidades, bem como seus efeitos positivos e negativos;
2. a humanidade não está mais mediada do que antes pelo crescimento do digital;
3. ao mesmo tempo em que existe o foco em um projeto etnográfico, há uma visão maior de mundo que afeta e transcende esse foco;
4. o digital não é necessariamente homogeneizante e no encontro com o digital se mantém o relativismo cultural e a natureza global;

---

[9] Plataforma que permite a criação de perfis, a publicação de *posts*, a interação entre usuários etc. Para saber mais: https://influu.me/blog/o-que-e-facebook/.

5. há uma ambiguidade na cultura digital, na medida em que existe o crescimento de sistemas abertos e de sistemas fechados, como, por exemplo, em discussões sobre privacidade;

6. o digital não faz com que o contemporâneo seja mais ou menos material, ele se torna uma parte constitutiva da cultura, do que nos torna humanos. Assim, ao mesmo tempo em que entende as particularidades dos recursos digitais, a Antropologia Digital também olha para o ser humano, no qual o *online* e o *offline* se encontram, formando um ecossistema.

Assim, considero como pressuposto neste livro a existência de uma interligação entre o *offline* e o *online*, na qual um afeta o outro. Também compreendo que "os comportamentos culturais são códigos compartilhados sempre na relação com os outros" (MACHADO, 2017, p. 29) e que a Antropologia Digital busca, conforme Mônica Machado (2017), pensar a articulação entre global e local associada a estudos que entendam o particular e o universal nas mídias sociais, bem como seus usos sociais.

Mas, como uma das necessidades ao se fazer uma etnografia é o estabelecimento de uma relação de confiança entre o pesquisador e o pesquisado, o contato presencial apresentou uma aparente desconfiança, principalmente quando o objeto de interesse era o celular do entrevistado. Pedir para olhar o celular foi algo difícil de ser conseguido (e muitas vezes considerado invasivo), e estabelecer um contato contínuo com os entrevistados para aprofundar o meu relacionamento com eles, também. Além disso, apesar de explicar o intuito da pesquisa, a postura dos entrevistados era reativa e de insegurança, o que provocou uma volta à *digital friendnography*. O primeiro teste tinha sido decisivo para entendê-la como um caminho metodológico viável e aceito durante a qualificação de doutorado.

Outra mudança a partir da qualificação de doutorado foi a respeito do estudo dos objetos digitais com extinção programada e o próprio termo extinção, que não se encaixava mais, principalmente pela mudança implantada pela plataforma que permitia salvar as *histórias* e criar coleções para elas. Então, como primeiro passo, o termo foi modificado. Porém, existiam novas ideias e leituras que não se encaixavam mais com a proposta inicial. E, com isso, iniciei um processo de reestruturação para estudar os objetos digitais como algo mais complexo e que tem um ciclo de vida dentro do Instagram.

Os objetos digitais são entendidos como uma categoria conceitual, podendo, portanto, ser repensada, reformulada, estendida após este texto. Com as múltiplas definições existentes, o que se busca é a ampliação da ideia de objeto digital inserido em um processo no qual a memória é parte de seu ciclo de vida. Tal formulação só se apresenta no capítulo 6, pois é necessário percorrer os diferentes atributos e reflexões que circulam os objetos digitais, a memória e o Instagram — esse último como um campo em que os dois primeiros se encontram.

Pontuo que há um ineditismo em problematizar se as diferentes instâncias da relação entre a memória e os objetos digitais no Instagram poderiam estar integradas em um ciclo de vida. Até 2019, as três teses e oito dissertações que tratavam o Instagram pelo viés dos objetos digitais e/ou da memória (ou que, de alguma forma, se aproximavam desses temas) foram mapeadas a partir da busca no Catálogo de Teses e Dissertações da Capes e na Biblioteca Digital Brasileira de Teses e Dissertações do Instituto Brasileiro de Informação em Ciência e Tecnologia (Ibict), como mostra o Quadro 1.

Quadro 1– Mapeamento de teses e dissertações com assuntos afins

Título	Autor	Ano	PPG/Instituição
Criptografias da memória: um estudo teórico-prático sobre o arquivamento da web no Brasil (Tese)	DANTAS, Camila Guimarães	2014	Memória Social UNIRIO
Os rastros digitais e a memória dos jovens nas redes sociais (Tese)	HENRIQUES, Rosali Maria Nunes	2014	Memória Social UNIRIO
A fotografia como meio de memória no Ciberespaço (Dissertação)	FRAGA, Nayhara Marylin	2015	Memória Social UNIRIO
Do álbum ao Instagram: a efemeridade da fotografia no design contemporâneo (Dissertação)	CACHINHO, Bruno Dantas	2016	Design UERJ

Título	Autor	Ano	PPG/Instituição
Narrativas efêmeras do cotidiano: um estudo das stories no Snapchat e no Instagram (Dissertação)	BARROS, Laura Santos de	2017	Comunicação UFRGS
Cultura efêmera: o formato Stories do Instagram no contexto dos centros culturais (Dissertação)	CORSI, Nathalia Maciel	2018	Comunicação UEL
Registrar, compartilhar, autodestruir: pedagogias e modos de ser no Instagram stories (Dissertação)	SOUZA, Joana Dourado Franca de	2018	Educação UFBA
Instagram Stories: fotografia vernacular e efemeridade (Dissertação)	VASCONCELOS, Eduardo Leite	2018	Comunicação e Culturas Contemporâneas UFBA
Tecnologias da memória: o NYT Archives e a recirculação do passado no Instagram (Dissertação)	GONÇALVES, Isabella de Sousa	2019	Comunicação UFJF
A efemeridade na tecnocultura: escavações em aplicativos de imagens feitas para sumir (Tese)	FERREIRA, Lorena de Risse	2019	Ciências da Comunicação Unisinos
Poéticas do efêmero: novas temporalidades em rede a partir do Instagram Stories (Dissertação)	MACÊDO, Larissa Cristina Sampaio	2019	Comunicação e Semiótica PUCSP

Fonte: CAPES, 2020; INSTITUTO BRASILEIRO DE INFORMAÇÃO EM CIÊNCIA E TECNOLOGIA (IBICT), 2020

E, diante desse panorama e das mutações constantes das plataformas digitais, pergunto: como os objetos digitais no Instagram expressam seu ciclo de vida?

A hipótese é a de que é possível integrar os elementos da relação entre a memória e os objetos digitais ao entender que a memória é importante em suas categorias conceituais (memória-hábito, coletiva, individual e afetiva), tanto para a criação dos objetos digitais no Instagram quanto para o seu fim, caracterizado pelo esquecimento. Um outro ponto importante é a compreensão, em um olhar baseado em Morin (1999), de que a memória é parte das unidades que organizam o ciclo de vida (o todo) dos objetos digitais no Instagram, seja na criação, na lembrança ou no esquecimento.

Dessa forma, a hipótese proposta é: *entendendo os objetos digitais no Instagram como suportes e mediadores de memória, seu ciclo de vida só poderá ser considerado completo quando estiver organizado de tal forma que a memória, em seus diferentes aspectos, fizer parte das unidades que formam o todo.*

A característica de mutação constante dessas plataformas torna o processo de pesquisa uma combinação de medo do obsoleto e do entusiasmo a respeito do novo. Mas é nessa mutação que ela encontra sua justificativa. O Instagram se apresenta como o *corpus* da pesquisa em um estudo que busca olhar para os objetos digitais que a compõem e que são potencialmente suportes e mediadores de memória. Existe uma reflexão que ultrapassa a mecanicidade dos códigos de programação e encontra respaldo nas nuances existentes nas diferentes relações estabelecidas entre seres humanos e objetos. E esse elemento humano frente à plataforma é solo fértil para uma reflexão sobre a contemporaneidade vista como passado no futuro e em sua relação com a memória.

Também é compreensível que o próprio fator humano se modifique frente à plataforma e que os usos sejam diversos dentro de uma pluralidade social, cultural, comportamental, econômica e até geracional. Dessa maneira, a pesquisa se propõe a buscar pontos em comum dentro da fluidez relacional humano-digital que permitam responder algumas perguntas, mas suscitar muitas outras, entendendo que esse é um campo em constante mudança.

O texto, portanto, não pretende se encerrar em si, mas provocar reflexões sobre como o que é publicado hoje no Instagram — e que, potencialmente, poderia ser fonte de pesquisa no futuro a respeito da sociedade atual e de suas relações — pode ou não estar disponível ou estar disponível apenas como rastros ou restos. Cabe, principalmente nesse ponto, pensar sobre qual seria o papel da memória em um ciclo de vida dos objetos digitais com variáveis tão complexas.

Desse modo, o objetivo geral é apresentar um possível ciclo de vida dos objetos digitais no Instagram, a partir da perspectiva da memória. São objetivos específicos:

- caracterizar o que é um objeto digital e, mais especificamente, um objeto digital no Instagram;
- analisar as estruturas invisíveis no Instagram e seu impacto em relação à memória;
- identificar as diferentes relações temporais referentes aos objetos digitais no Instagram;
- relacionar a memória aos objetos digitais, a partir da perspectiva do fim do Instagram; e
- apresentar um ciclo de vida dos objetos digitais no Instagram, integrando a memória como vetor.

1.4 *DIGITAL FRIENDNOGRAPHY*: A CRIAÇÃO DE UMA METODOLOGIA EXPERIMENTAL DE PESQUISA

Baseada na etnografia digital, a *digital friendnography* é uma metodologia criada para esta pesquisa que consiste em uma pesquisa qualitativa com traços etnográficos, uma espécie de experiência. Ela acontece através de um olhar integrado entre os meios *online* e *offline* e é realizada com pessoas com as quais a pesquisadora tem intimidade, mais especificamente, amigos. Dessa maneira, utilizo passagens dessa experiência etnográfica para dialogar com os outros elementos metodológicos.

São eles a pesquisa bibliográfica, da análise das funcionalidades da plataforma e, para além das metodologias já tradicionais, da *digital friendnography*, que foi utilizada como fonte de *insights*. A *digital friendnography* tem como base a ideia de que "o que sempre vemos e encontramos pode ser familiar, mas não é necessariamente conhecido" (VELHO, 2013, p. 1233). Assim, "o processo de estranhar o familiar torna-se possível quando somos capazes de confrontar intelectualmente, e mesmo emocionalmente, diferentes versões e interpretações existentes a respeito de fatos, situações" (VELHO, 2013, p. 1346). E é nesse movimento de estranhamento ao que é familiar que se exercita um olhar de "dentro" no Instagram e na partilha da vida social e cultural com esses amigos, no *online* e no *offline* como elemento único, em correlação e como conhecimento prévio à pesquisa.

O início da criação dessa experiência se dá a partir do teste de campo, conforme relatado anteriormente, mas se direciona para novos indivíduos e, portanto, parece pertinente inserir o teste de campo e a descrição densa — em uma confluência com Clifford Geertz (1973) — no início do livro As participantes escolhidas se aproximam tanto geograficamente quanto no compartilhamento, dentro de suas diferenças, de semelhanças sociais e culturais, principalmente no que tange à experiência de ser mulher. Em uma perspectiva de autoria feminina, considero importante trazer esse ângulo.

A *digital friendnography* foi realizada com três participantes mulheres (inicialmente eram cinco pessoas, mas duas não puderam participar), na faixa dos 30 aos 35 anos, residentes no Rio de Janeiro e em Niterói. Elas fazem parte do meu círculo íntimo de amizade há pelo menos cinco anos e mantenho contato com elas pelo menos uma vez por semana.

Como uma nova proposta de método de pesquisa, foi necessário, antes de colocá-la em prática, pesar os prós e os contras — e ambos também foram constatados na prática. Como prós, a abertura já mencionada, que as mulheres pesquisadas ofereceram para tratar de diferentes temas, dando a possibilidade de olhar o celular e a plataforma sem desconforto ou estranhamento. Além disso, o contato já existente entre pesquisadora e pesquisadas dentro da plataforma fez com que já existisse um conhecimento prévio sobre o que elas publicam no Instagram, quem seguem, com quem compartilham, quais funcionalidades usam, entre outros.

Como contra está essa mesma proximidade, que poderia nublar o olhar da pesquisadora. Em todos os momentos da pesquisa, foi necessário estabelecer um autocontrole e acionar um "lembrete interno" da importância do distanciamento para a análise, da redução da interferência durante a pesquisa, da não pressuposição das coisas e da manutenção de uma escuta atenta das participantes, sem inferir as respostas. De qualquer forma, os prós pesaram mais que os contras.

A *digital friendnography* foi composta por uma roda de conversa, acompanhamento dos perfis no Instagram, conversas por meio da plataforma e um exercício de imaginação para fazer um paralelo entre o fim do Orkut e um suposto fim do Instagram. A pesquisa ocorreu entre setembro e novembro de 2019. Usarei os nomes Cecília, Rafaela e Sandra para proteger a privacidade das pessoas envolvidas.

Cecília é designer, moradora do bairro do Grajaú (Rio de Janeiro) e foi apresentada a mim por seu ex-namorado, que era meu colega de trabalho. Decoração e videoquê estão na lista de suas coisas favoritas. Rafaela é bióloga, trabalha com doces, mora no bairro do Méier (Rio de Janeiro) e nos conhecemos na aula de dança. Ir ao forró é um de seus passatempos preferidos. Sandra mora no bairro de Icaraí (Niterói), é professora e pesquisadora, nos conhecemos durante o mestrado. Gosta de atividades culturais e de assistir *Ru Paul's Drag Race*. As contribuições da *digital friendnography* se encontram nas seções 4.3 e 5.1, mas serviram também para a geração de *insights* durante a pesquisa bibliográfica.

A pesquisa se apresenta em um recorte espaço-sócio-temporal do contemporâneo e localizada no Rio de Janeiro, mas que disserta sobre muitas questões digitalmente globais — em um modelo ocidental[10] de pensamento — a respeito do entrelace entre objetos digitais e memória, que poderiam servir de reflexão em outras cidades com acesso à internet e, especificamente, às plataformas *online*.

1.5 COMO ESTE LIVRO ESTÁ ORGANIZADO

O livro está dividido da seguinte forma. O capítulo "Objetos digitais" trata das diferentes definições dos objetos digitais em Kenneth Thibodeau (2002), Miguel Ferreira, (2006), Yuk Hui (2012) e as aproximo à Van Dijck (2007), que entende os objetos digitais como mediadores de memória. Traz os aspectos materiais e imateriais dos objetos digitais, bem como as definições de dados e informação em Robert K. Logan (2012) para, em seguida, aprofundar no principal apelo do Instagram, a imagem (INSTAGRAM, 2019) como representação e criação (BOEHM, 2014; NOTH; SANTAELLA, 1997; AUMONT, 1993; WULF, 2013). Por fim,

---

[10] Após a feitura deste livro, tenho buscado decolonializar a escrita, me aproximando mais de autores com perspectivas que vão além do eixo EUA-Europa.

traça uma descrição dos objetos digitais no Instagram, dividindo-os em partes fixas, voláteis, objetos originais e modificados.

O capítulo "As estruturas (in)visíveis do Instagram" apresenta as estruturas internas (e muitas vezes invisíveis para o usuário) do Instagram, como o *big data* (IBM, 2019; MAYER; CUKIER, 2019) — que transforma os dados e informações em conhecimento estratégico e mercadológico — e os algoritmos (GILLESPIE, 2014) — que personalizam a experiência dos usuários com o Instagram de maneira a estimular o acesso e, consequentemente, a monetização da plataforma. Discute as possíveis consequências para a memória desse tipo de engenharia.

"As diferentes temporalidades dos objetos digitais no Instagram" examina as diferentes camadas de temporalidade que envolvem os objetos digitais no Instagram. Inicia com o tempo cronológico apontando como ele se apresenta. Depois, traz o tempo dos objetos digitais e suas funcionalidades em relação ao tempo na plataforma. Em seguida, discute o tempo vivenciado, no qual a memória se relaciona com os objetos digitais no Instagram por meio das vivências e afetos. Para tal, discute os conceitos de tempo em Maurice Halbwachs (2006) e Henri Bergson (2005, 2010, 2011). Alinha a memória individual com a coletiva por meio de Van Dijck (2007) e os objetos mediados de memória e do afeto.

"*This is the end, beautiful friend*: cenários sobre o fim do Instagram" discute o que aconteceria com os objetos digitais em um provável fim do Instagram. Apresenta o processo de memoração em Vera Dodebei (2015), composto pela dissolução, acumulação e interação. Trata a respeito dos rastros digitais como vestígios das ações dos usuários na internet (BRUNO, 2012) e dos rastros memoriais (GAGNEBIN, 2006, 2012) como frágeis e não intencionais. Traça um paralelo entre o fim do Orkut e o provável fim do Instagram, primeiro, por meio dos restos (DEBARY, 2017) e, depois, por um exercício de pensamento com duas participantes da *digital friendnography*. Examina as possibilidades de preservação dos objetos digitais no Instagram pelos processos de memoração (DODEBEI, 2015) e patrimônio digital (DODEBEI, 2006).

Por fim, o capítulo "A inserção da memória no ciclo de vida dos objetos digitais no Instagram" relata a roda de conversa que aconteceu entre as participantes da *digital friendnography*, recapitula o que foi abordado nas partes anteriores e apresenta o ciclo de vida dos objetos digitais no Instagram a partir da perspectiva da memória.

Com essa organização, pretendo levar você a conhecer os elementos que compõem o ciclo de vida dos objetos digitais no Instagram e o papel da memória como interlocutora em todo o processo desse ciclo.

2

OBJETOS DIGITAIS

Olhamos à nossa volta e estamos cercados por objetos, dos mais simples aos mais rebuscados, dos mais comuns aos mais extraordinários. Em um período como o contemporâneo, de produção exacerbada de bens de consumo, muitas vezes se torna difícil atribuir ao objeto mais do que um uso, um significado. A facilidade em realizar essa ação repousa muitas vezes na infância ou em quando fazemos uma conexão entre pessoas e objetos. O livro de histórias para dormir, a panela em que a avó fazia a comida, o bilhetinho dado pelo primeiro amor. Os objetos marcam em nós sua presença pelos significados que atribuímos a eles.

Ao transferir essa ideia para o Instagram, é possível perceber que, nascidos da mesma tecnicidade, duas publicações na mesma plataforma sobre o mesmo evento terão resultados distintos simplesmente pelo fato de serem duas pessoas diferentes atualizando suas vivências na criação[11]. Para Frédéric Kaplan (2009), o artesão estende sua trajetória pessoal quando o objeto sai de sua oficina para encontrar as mãos do comprador. Já em relação aos objetos industriais, eles são produzidos anonimamente em processos complexos e globalizados, começando sua história, de acordo com o autor, a partir da compra.

Amplio aqui a discussão, localizando-a nos objetos digitais no Instagram, sugerindo uma dupla origem. São objetos que carregam um fundo pré-programado, industrial, complexo, produzido anonimamente. Quando eles se tornam ferramentas, como as agulhas de tricô, por exemplo, se transformam em artesanal, pois viabilizam o ato da criação de algo novo, a partir das diferentes vivências, afetos, estéticas, lembranças, vontades e expectativas que norteiam o ato criativo.

O artesão seria o usuário que produz sua publicação, uma criação que pode ser assistida, reinterpretada, ressignificada, compartilhada, comentada. Dessa forma, o objeto digital tem o potencial de fazer parte de uma outra vivência, da lembrança do outro. Isso pode se dar

---

[11] Em um sentido bergsoniano, como veremos no Capítulo 4.

em uma relação passiva, de espectador; ou ativa, de interagente — com o humano e/ou com o conteúdo — na qual o outro presentifica sua lembrança em uma cocriação baseada na troca de experiências e/ou na de manipulação do objeto que a transforma em algo novo. Mas o que seria um objeto digital? Mais especificamente, o que seria um objeto digital no Instagram?

2.1 AS DIFERENTES DEFINIÇÕES DE OBJETOS DIGITAIS

Um marco importante na definição do que são objetos digitais é a carta sobre a preservação do patrimônio digital da Unesco (2003), que sugere a circulação de sentidos no campo digital por meio desses objetos, em uma relação entre materialidade e imaterialidade. Segundo a Unesco:

> Os objetos digitais podem ser textos, bancos de dados, imagens fixas ou em movimento, gravações sonoras, material gráfico, programas de computador ou páginas da Web, entre muitos outros formatos possíveis em um vasto repertório de crescente diversidade. (UNESCO, 2003, *online*, tradução nossa)[12].

De acordo com Ernesto L. Francalanci (2015), objetos digitais são objetos que o computador cria por meio de módulos de informação (uma imagem, um arquivo de texto, um som) que podem ser manipulados e também reproduzidos, transformados, enviados, reconstruídos, misturados, decompostos. Ou seja, apresentam as características ampliadas de um objeto analógico, entendendo este como oposto ao digital.

Outro autor que busca conceituar os objetos digitais é Yuk Hui. Sua proposta sugere uma abordagem dos objetos digitais a partir da relação entre o desenvolvimento de linguagens de programação, como XML, HTML e SGML, e as ontologias da web, como a web semântica, por exemplo, que proporcionam a relação estruturada entre dados. As características dos objetos digitais são, segundo o autor, representadas por dados e metadados (que, para ele, são os dados sobre os dados). Assim,

---

[12] "Los objetos digitales pueden ser textos, bases de datos, imágenes fijas o en movimiento, grabaciones sonoras, material gráfico, programas informáticos o páginas Web, entre otros muchos formatos posibles dentro de un vasto repertorio de diversidad creciente" (UNESCO, 2003, *online*).

Os metadados de um objeto digital podem aumentar com o tempo se o banco de dados conferir mais atributos a ele. Mas pelo menos sua relação com outros objetos digitais aumentará ainda que permaneça a mesma. Quanto mais objetos digitais, mais relações; portanto, as redes se tornam maiores ou novas redes são atualizadas. Um objeto é significativo apenas dentro de uma rede; por exemplo, um convite do Facebook não faz sentido se não houver uma rede mediada pelos dados dos usuários. As múltiplas redes, conectadas por protocolos e padrões, constituem o que chamo de meio digital (HUI, 2012, p. 390, tradução nossa)[13].

Hui (2016) afirma também que não se deve separar o artificial do natural, pois estes constituem um sistema dinâmico condicionante à existência e à experiência humana, algo que será tratado a seguir, conforme as teorias de Logan (2012). Apesar de ser interessante e embasada em uma tradição fenomenológica, a visão do autor acaba — principalmente na aproximação das noções de dados e informações, sem diferenciá-los, como faz Logan (2012) — escapando do sentido que aqui se pretende conferir aos objetos digitais e limitando o olhar sobre eles.

Para Jannis Kallinikos, Aleksi Aaltonen e Attila Marton (2010), os objetos digitais possuem características que os diferenciam dos objetos analógicos ou não digitais. Segundo os autores, os objetos digitais são:

a. editáveis: objetos digitais são flexíveis e podem, de formas distintas, ser modificados sistematicamente e continuamente, como, por exemplo, se pensarmos em uma visão macro, a atualização das funcionalidades de uma plataforma;

b. interativos: proporcionam a exploração de percursos alternativos nos quais seres humanos podem agir, percorrer e descobrir novos caminhos a partir do objeto digital. Por exemplo, os diferentes resultados na pesquisa por palavras-chave, conhecidas como *hashtags* no Instagram (ex.: #pesquisa);

---

[13] "The metadata of a digital object can grow in time if the database assigns more attributes to it. But at least its relation to other digital objects will increase, even though it remains the same. When there are more digital objects, there are more relations, hence the networks either become larger or new networks are actualized. An object is meaningful only within a network; for example, a Facebook invitation is meaningless if there is not a network that is mediated by the data of the users. The multiple networks, which are connected by protocols and standards, constitute what I call a digital milieu" (HUI, 2012, p. 390).

c. abertos: podem ser acessados e modificados por outros objetos digitais, como, por exemplo, a aplicação de filtros no Instagram em uma imagem fotografada pelo aplicativo da câmera do *smartphone*;

d. distribuídos: estão raramente em um lugar só e "não passam de montagens temporárias compostas de funções, itens ou componentes de informação espalhados pelas infraestruturas de informação e pela internet" (KALLINIKOS; AALTONEN; MARTON, 2010, *online*, tradução nossa)[14]. Por exemplo, vídeos publicados no Instagram que também estão salvos no celular e na nuvem (ou seja, em um servidor que proporciona que os dados fiquem disponíveis *online*, em uma rede) (AMOROSO, 2012).

Segundo Thibodeau (2002), a informação digital pode ser similar a documentos tradicionais (livros, listas, relatórios etc.), variações dessas formas tradicionais ou a um terceiro tipo, que ultrapassa a mídia tradicional impressa ou analógica, como, por exemplo, modelos de realidade virtual e sistemas de geolocalização. O autor afirma que todos os objetos digitais são objetos físicos, lógicos e conceituais e que as propriedades mudam em cada um desses níveis.

2.1.1 Objetos físicos, lógicos, conceituais e experimentados

Os objetos digitais, ainda de acordo com Thibodeau (2002), são **objetos físicos** na medida em que são signos inscritos em um meio físico, no qual uma interface age como intermediária ao representar os dados registrados nesse meio com números binários. As interfaces são, em sua maioria, constituídas por duas camadas de programação, o *back end*, que seria uma programação voltada para uma linguagem mais próxima à máquina, e o *front end*, uma linguagem de programação mais próxima ao usuário e à usabilidade da interface, como veremos mais adiante.

Esses dados registrados podem ser armazenados em diferentes mídias e sistemas de acordo com seus formatos, tamanhos e características. Nesse nível, o sistema desconhece o significado desses bits,

---

[14] "[…] are no more than temporary assemblies made up of functions, information items or components spread over information infrastructures and the internet" (KALLINIKOS; AALTONEN; MARTON, 2010, *online*).

não importando se morfologia, semântica ou sintaxe, se um arquivo de imagem ou som.

São também **objetos lógicos** (THIBODEAU, 2002) por se tratarem de objetos reconhecíveis e processados via *software*, independentemente de como os dados são escritos no meio físico. Mas é no nível lógico que será determinada a maneira com a qual a entrada dos dados será codificada em bits e, na via oposta, como esses bits serão visualizados na interface do *software*.

Por fim, os objetos digitais são **objetos conceituais** (THIBODEAU, 2002), pois são reconhecíveis e compreensíveis, seja por pessoas, seja por sistemas computacionais, e são significantes no mundo *offline*. O autor usa como exemplo a retirada de dinheiro em caixas eletrônicos, em que o usuário aciona a máquina que, por sua vez, utiliza um sistema bancário. Como não há contato humano, é necessário rastrear a conta bancária e reconhecer a retirada para, então, disponibilizar o dinheiro na saída.

Ferreira (2006) segue a definição de Thibodeau (2002) ao afirmar que um objeto digital é um objeto físico, ou seja, "um conjunto de símbolos ou sinais inscritos num suporte físico" (FERREIRA, 2006, p. 22) que demanda do *hardware* a capacidade de interpretação ao transformar esses símbolos ou sinais em algo que possa ser traduzido pelo *software* e transmitido ao usuário por meio de uma interface. O autor expande a categorização de Thibodeau (2002) seccionando o conceito de objeto conceitual para adicionar uma nova camada ao final: o fator humano.

Para ele, o *hardware* constitui o **objeto físico**, o *software* seria o **objeto lógico** (camada constituída pelos algoritmos de uma ou mais linguagens de programação) transformado em **objeto conceitual**, que possui formas reconhecidas pelos humanos existentes no *offline* (fotografias, filmes, textos etc.) e que será um **objeto experimentado** no momento em que o usuário interpretar individualmente o objeto recebido. A figura a seguir ilustra esse fluxo.

Figura 3 – Diferentes níveis de abstração de um objeto digital

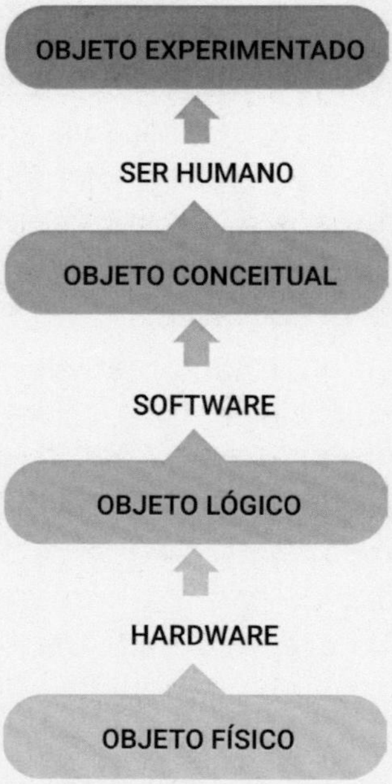

```
        OBJETO EXPERIMENTADO
                 ↑
            SER HUMANO
         OBJETO CONCEITUAL
                 ↑
             SOFTWARE
           OBJETO LÓGICO
                 ↑
             HARDWARE
           OBJETO FÍSICO
```

Fonte: a autora, com base em FERREIRA, 2006

    É importante destacar que, apesar de o fator humano estar no final do fluxo, há o ato criador e a interferência deste em todas as outras instâncias. Em uma sugerida integração entre o criador e o objeto, o sujeito articula um ferramental mecânico e intelectual na criação da máquina, do *hardware* e do *software*. A definição de objeto digital por Ferreira (2006) é a que mais se aproxima do meu entendimento sobre o que é um objeto digital. A partir disso, analiso outros componentes dos objetos digitais: a materialidade e a imaterialidade, bem como a distinção entre dados e informações.

2.1.2 Materialidade e imaterialidade dos objetos digitais no Instagram

Se compararmos os objetos digitais a uma linha de montagem linear e material, eles seriam a etapa final que, por sua vez, tem como foco de uso os seres humanos.[15] Os impulsos elétricos, de acordo com Victoria Thibes (2019), ligados e desligados, são representados pelos números binários[16] (sendo 0 desligado e 1 ligado) e traduzidos para uma linguagem de programação. Esta se transforma em uma interface compreensível para o usuário humano e chega até ele por meio de um *modem*, um serviço de internet, uma rede, um servidor — esteja ele no local ou em nuvem (ou seja, em um servidor que proporciona que os dados estejam *online*, em uma rede).

Nessa relação, para Jean-François Blanchette (2011), não é possível desvincular os bits da materialidade dos dispositivos físicos responsáveis pela troca, armazenamento e manipulação desses bits. Essa materialidade dos circuitos eletrônicos só é percebida, segundo Horst e Miller (2012), quando algo se quebra, pois a tecnologia se tornou um prolongamento do nosso corpo.

A materialidade presente, mas muitas vezes ocultada (ou até mesmo ignorada) dos objetos digitais, permite que esses circuitos se transformem, por meio dos algoritmos e das diferentes linguagens de programação, nas interfaces de computadores, *tablets*, *smartphones*, televisões (as chamadas *smartTVs*) e até mesmo em relógios (conhecidos como *smartwatches*).

Este texto, por exemplo, foi "materializado" com o uso de papel, tinta e impressora, pode ser manipulado, segurado e foi fabricado por uma pessoa. Mas o que antecede sua impressão são as palavras escritas em um editor de texto digital, que capta a pressão das teclas do teclado, relacionando a força motora dos dedos com os impulsos elétricos, algoritmos de programação e uma interface que permite a tradução desse movimento em letras, palavras e frases escritas em uma tela. Se esquematizarmos a materialidade dos objetos digitais a partir dos conceitos de Ferreira (2006), olhando para o Instagram, temos o seguinte fluxo:

---

[15] Existem inteligências artificiais capazes de manipular e criar a partir desses objetos, como, por exemplo, o projeto Flow Machines, que utiliza um sistema de inteligência artificial e *machine learning* para auxiliar na composição de músicas. Para saber mais: http://www.flow-machines.com/.

[16] Existem estudos a respeito da computação quântica em que o armazenamento e processamento acontece por meio da superposição dos bits, os chamados qubits. Para mais informações, ver ARUTE *et al.*, 2019.

Figura 4 – Fluxo entre o objeto lógico (*software*) e o objeto físico (*hardware*) no objeto digital

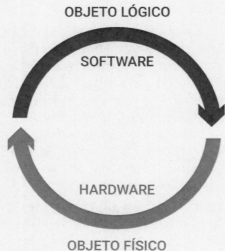

Fonte: DAMIN, 2020, p. 33

Esse fluxo parte do que o usuário acessa em direção ao que ele tem como resposta, ou seja, ele não é um fluxo de construção da plataforma, mas, sim, um fluxo de uso dela. O Instagram, entendido em uma visão macro como um objeto digital composto por múltiplos objetos digitais em seu interior, assim como outros objetos digitais, é acessado por camadas cujo processo não tem um código aberto[17], mas tem características que podem ser identificadas.

A primeira delas é a existência de uma interface que vai, por meio da ação do usuário, ativar as camadas mais profundas da plataforma. A interface corresponde ao *software* e ao objeto conceitual. Fazem parte do *software*, o chamado objeto lógico por Ferreira (2006), o *front end*, o *back end* e a linguagem de máquina. Já o *hardware* é composto por peças, circuitos eletrônicos, elétricos, memória de máquina, processador, entre outros: é o objeto físico.

Para ilustrar, um exemplo: Cecília clica no ícone do Instagram existente na tela do seu *smartphone*. Com essa ação, a inter-

---

[17] "O código aberto, ou [...] '*open source*', é um termo para nomear *software*s que possuem os seus códigos disponíveis para *download* livre, ou seja, qualquer pessoa pode baixar e utilizar o código" (GOMES, 2020, *online*).

face (a tela inicial do Instagram) aparece. Cecília desliza o dedo pela interface. O ato de deslizar o dedo na interface (camada de programação *front end* do *software*) gera uma resposta, por meio da linguagem de programação, para o *back end* do *software*, ou seja, a linguagem de programação que se relaciona com o *front end* e com a linguagem de máquina. Esta, por sua vez, "conversa" com o *hardware* para que ele processe a ação. O *hardware* processa o que foi solicitado e envia a resposta em um caminho de volta: do *hardware* para a linguagem de máquina; da linguagem de máquina para o *back end*; do *back end* para o *front end*, que mostrará a ação de "deslizamento" do conteúdo para Cecília.

Figura 5 – As camadas de *software* e *hardware* de um objeto digital

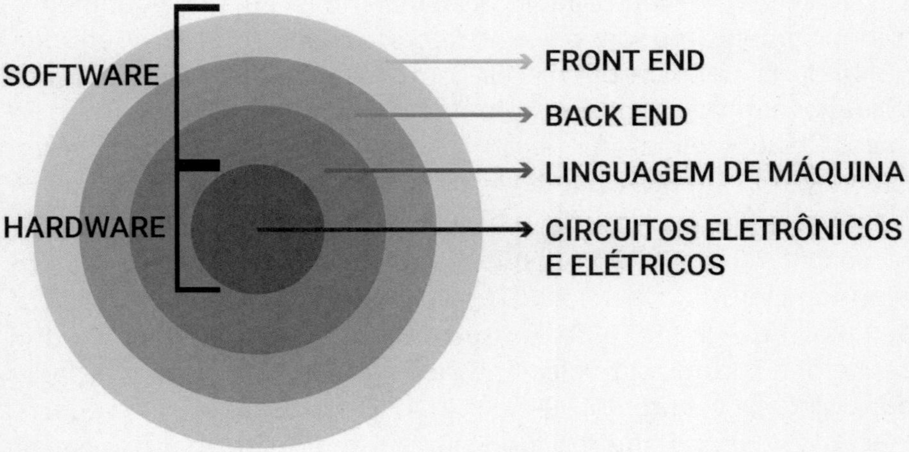

SOFTWARE
- FRONT END
- BACK END

HARDWARE
- LINGUAGEM DE MÁQUINA
- CIRCUITOS ELETRÔNICOS E ELÉTRICOS

Fonte: DAMIN, 2020, p. 34

Esse fluxo é rápido e geralmente o usuário não percebe e não reflete sobre o processo — só o faz no momento em que o processamento da ação demora, quando o celular parece estar mais lento, por exemplo.

Mas, para além do material, o objeto digital carrega em si uma carga experiencial e de memória, não somente por parte de quem o criou, mas também por parte do desenvolvimento tecnológico, científico e processual aperfeiçoado no âmbito coletivo. Os objetos digitais portam diferentes conhecimentos adquiridos nesse processo cumulativo-informacional, do tipo de linguagem de programação utilizada, dos dispositivos que têm capacidade para processar a aplicação e até das configurações necessárias para o servidor armazenar os arquivos, sejam eles guardados por longos ou curtos períodos.

A relação entre a materialidade e a imaterialidade dos objetos digitais pode ser entendida a partir de Logan (2012). Em um primeiro momento, ele aponta a diferença entre dados e informações. Segundo o autor,

> [...] dados são os fatos puros e simples, sem qualquer estrutura ou organização; os átomos básicos da informação. [...] informação é feita da estruturação de dados, o que adiciona significados aos dados e lhes dá contexto e significância (LOGAN, 2012, p. 53).

A seguir, adiciona à informação mais duas camadas. A primeira é o conhecimento, ou seja, o uso estratégico da informação. A segunda, a sabedoria, definida pelo autor como a capacidade de escolha de objetivos alinhados aos seus valores, inseridos em um contexto social maior. Dessa forma, a informação vai além da materialidade dos dados e envolve uma imaterialidade vinculada à subjetividade humana.

Esse modelo, discutido nos estudos em informação e conhecido como DIKW (*data-information-knowledge-wisdom*), tem sua origem, segundo Eloi Juniti Yamaoka (2014), no artigo *From data to wisdom*, de Russell L. Ackoff (1989). Em sua outra obra, *Ackoff's Best*, o autor define dados como símbolos "[...] que representam as propriedades dos objetos e eventos" (1999, p. 170-172, tradução nossa) [18]; e informação como algo que representa o mesmo que os dados, mas de forma mais compacta e útil, e que se diferencia no funcionamento e não na estrutura. Além disso, conteria respostas para perguntas como "quem?", "o quê?", "quando?", "onde?" e "quantos?"; já o conhecimento seria transmitido por instruções que respondem à pergunta "como?". Por fim, sabedoria seriam os valores que surgem a partir de um exercício de julgamento.

Mas optei pelos conceitos de dados e informação propostos por Logan (2012) para nortear este texto. Ao olhar para a publicação das fotos, vídeos e dados pessoais do usuário, bem como para a interação com outros usuários, considero esse tipo de conteúdo como informação,

---

[18] "[...] that represent the properties of objects and events" (ACKOFF, 1999).

pois são dados com significado e contexto. Ao entrar na plataforma, essas informações se transformam em dados para a empresa (Facebook), afinal a informação é constituída por dados, que também são usados enquanto conhecimento, uma vez que fazem parte da estratégia empresarial do Facebook em relação à plataforma Instagram.

Ou seja, ao coletar as informações, o Instagram — e, consequentemente, o Facebook — infla seu banco de dados e, por meio de *softwares* e de inteligência humana, utiliza essas informações para entender seu público, aprimorar a ferramenta com base em seus usuários e também oferecer aos anunciantes uma forma de segmentação que, sem esse conhecimento, não seria possível. É importante frisar que o Instagram é uma empresa e, portanto, visa como benefício final ao lucro. A informação, quando aliada ao conhecimento e à sabedoria, pode favorecer a manutenção e o aumento de usuários, e consequentemente o aumento da base de anunciantes e, portanto, o lucro.

Logan busca inserir a tecnologia em uma visão ecológica entendendo que, assim como ela, a linguagem, a ciência, a economia política e a cultura podem ser consideradas organismos vivos, "simbiontes[19] obrigatórios, que vivem dentro de nós [...] e contribuem para nossa sobrevivência" (LOGAN, 2012, p. 253, 254). Adicionando a essa perspectiva a memória, entendo que (a) no Instagram existem as instâncias dos dados e informações, sendo a memória importante para fornecer contexto e significância; e (b) a memória faz parte desse "mundo" que vive em nós, como explicam Dodebei e Tardy (2015). As autoras compreendem a Memória Social não como um simples fato social, mas como processos interligados na tríade memoração, mediação, patrimonialização, que se analisa a partir da relação "da sociedade com o tempo, o espaço, a linguagem e a criação" (DODEBEI; TARDY, 2015, p. 8). Avançarei sobre o conceito de memoração com mais profundidade no capítulo "This is the end, beautiful friend: cenários sobre o fim do Instagram". Mas, primeiro, apresento o principal apelo do Instagram: a imagem.

---

[19] Na biologia, simbionte é o organismo que vive em simbiose. Simbiose é a "associação de dois ou mais seres que, embora sejam de diferentes espécies, vivem conjuntamente, com vantagens recíprocas e são caracterizados como um só organismo: o líquen é a simbiose de uma alga e de um cogumelo" (DICIO, 2020, *online*).

2.2 A IMAGEM

Seja estática ou em movimento, a imagem é o ponto central do Instagram (INSTAGRAM, 2018, *online*). Mesmo quando há som, ele acompanha a imagem. Se navegarmos na plataforma de olhos fechados, pouco sentido terá, a não ser que a navegação ocorra a partir de um leitor de tela ou de outra ferramenta de acessibilidade. Dessa forma, considero importante frisar que a imagem dentro do Instagram também é um objeto digital, assim como, em uma visão macro, a própria plataforma também o é.

Na seção "Objetos digitais originais e modificados no Instagram", trarei os conceitos de **objetos digitais originais** e **objetos digitais modificados** para abordar as camadas existentes na constituição das imagens como objetos digitais. Mas, antes, preciso abordar dois pontos importantes e iniciais, tendo em vista o principal apelo do Instagram. O primeiro ponto a ser contemplado é conhecer algumas das abordagens que procuram explicar o que é uma imagem e o segundo é tratar a imagem como representação e criação.

2.2.1 O que é uma imagem?

Se o Instagram é uma plataforma com foco nas imagens, o que é uma imagem? Essa é uma pergunta recente quando analisada sob o ponto de vista teórico-filosófico-abstrato. De acordo com Gottfried Boehm (2014), diferente das funções da linguagem, questionadas já no diálogo platônico de Crátilo, a imagem só é estudada nesse viés a partir do século 20. Desde Platão, a relação entre a coisa e seu nome é discutida, em uma espécie de prévia dos estudos semiológicos. Benedito Nunes na introdução do livro *Diálogos de Platão: Teeteto, Crátilo* resume o argumento ao afirmar que

> [...] para dar nome às coisas, terá sido necessário conhecê-las; mas para conhecê-las, terá sido necessário dar-lhes nome. [...] É a linguagem que constitui a origem e é na linguagem que se mantém, como transcendência da palavra em relação à coisa nomeada, a diferença na identidade, que une e separa, no corpo mesmo dos signos, o significante e o significado (NUNES, 2001, n. p).

Como explicação para o estudo tardio a respeito dos mecanismos visuais de representação, Boehm (2014) cita, como fator externo, o domínio da linguagem verbal entendida antigamente como única forma de acesso ao mundo ocidental e, como fator interno, a ideia de que, como a imagem era observada pelo modelo da transparência (no qual o que está sendo referenciado é facilmente visto, como em um vidro), se extraía os significados de algo preexistente, como o contexto histórico.

O autor sugere que há uma discrepância entre o **dizer** e o **mostrar**. O **dizer** estaria vinculado à linguagem verbal e o **mostrar**, ligado às representações icônico-figurativas, ou seja, às imagens. Ele afirma, ainda, que há uma **força do mostrar** que faz com que a pergunta "o que é uma imagem?" carregue consigo a diferença entre (a) o que se quer dizer e (b) o que não se quer dizer, mas se mostra:

> [...] o mostrar não representa qualquer capacidade menor ou reduzida, mas à sua própria maneira apresenta as três características principais da linguagem, a saber: comunicar, representar e influenciar, isto é, ter um efeito (BOEHM, 2014, p. 26, tradução nossa)[20].

Para Boehm (2014), as imagens podem ser pensadas a partir de seis pontos críticos de reflexão: (a) elas sempre têm uma base material para se sustentarem; (b) as imagens demarcam um campo visível no qual o observador experimenta o sentido da imagem ao entender, em um processo de continuidade, algo como efetivamente algo; (c) elas instituem uma diferença acionada por meio do contraste visual, a partir do mostrar, de como se articulam e "o que estas colocam no lugar da oração, da relação entre sujeito e predicado" (BOEHM, 2014, p. 34, tradução nossa)[21]; (d) só há um mostrar quando este está diretamente relacionado ao corpo, ou seja, a visão e outros sentidos do corpo humano são essenciais para operar as potencialidades residentes na imagem; (e) as imagens são híbridas por se constituírem, ao mesmo tempo, em coisa e processo, operando com o entrelaçamento dos diferentes aspectos de ambos; (f) o tempo se converte na principal categoria da imagem quando se trata de geração de sentido.

---

[20] "[...] el mostrar no representa ninguna capacidad menor o reducida, sino que a su manera lleva a cabo las tres principales características del lenguaje, a saber: comunicar, representar e incidir, es decir, tener um efecto" (BOEHM, 2014, p. 26).

[21] "[...] lo que éstas colocan en lugar de la oración, de la relación entre sujeto y predicado" (BOEHM, 2014, p. 34).

De acordo com Winfried Noth e Lucia Santaela (1997), o mundo das imagens se divide entre as imagens como representações visuais (pinturas, fotografias, imagens cinematográficas, televisivas, entre outras) e as imagens mentais (imaginações, esquemas, modelos, visões). Apesar da separação, desde sua origem, estão interligados, pois não existem imagens do primeiro grupo que não sejam originadas como imagens na mente e "não há imagens mentais que não tenham alguma origem no mundo concreto dos objetos visuais" (NOTH; SANTAELLA, 1997, p. 15). O que unem esses dois mundos, de acordo com os autores, são os conceitos de signo e representação, sendo que o lado perceptível e o mental estariam unificados por um desses conceitos.

Rancière (2012), por sua vez, afirma que existe uma dependência entre o visível e a palavra. Caberia a essa última ordenar o visível "[...] desdobrando um quase visível" (RANCIÈRE, 2012, p. 123) em uma operação de substituição e em outra de manifestação. A primeira colocaria aquilo que se encontra afastado no espaço e no tempo frente aos olhos e a segunda tornaria visíveis os "[...] mecanismos íntimos que movem os personagens e acontecimentos" (RANCIÈRE, 2012, p. 123).

A essas operações estaria atrelada para o autor a relação entre saber e não saber, bem como entre agir e padecer. Dessa forma, a representação corresponde a uma lógica de apresentar significados por meio de desdobramentos ordenados, regulando a relação entre o que é compreendido e antecipado por nós, e o que se origina de uma surpresa: "essa lógica de revelação progressiva e contrariada afasta a irrupção brutal da palavra que fala demais, que fala cedo demais e dá a saber demais" (RANCIÈRE, 2012, p. 124).

2.2.2 A imagem como representação e criação

Como exemplo dessa dependência entre a imagem e a palavra, está a arte do século 19, que, com a técnica da fotografia ainda incipiente, utilizava a pintura como tentativa de representação da realidade, para a qual existia a afirmação de um laço representativo por meio da semelhança (FOUCAULT, 2016).

Figura 6 – A pintura *Niagara*, de Frederic Edwin Church

Fonte: Niagara, 1857, Frederic Edwin Church (2018)

Em oposição ao modelo da pintura anterior, em que o título e a imagem fazem referência ao motivo da pintura — as Cataratas do Niágara, no século 20 —, há um descolamento entre a representação plástica e a referência linguística (FOUCAULT, 2016). Gottfried Boehm, em uma carta para o também estudioso das imagens W. J. T. Mitchell (BOEHM; MITCHELL, 2009), ao tratar das mudanças na história das imagens, afirma que uma das mais importantes aconteceu quando na metade do século 20 a invenção da fotografia e das imagens em movimento ocasionou a ruptura de um sistema no qual aos pintores era exigido definir "[...] a que imagens deveriam se referir, quais conteúdos do mundo deveriam tematizar e que missão cultural deveriam cumprir" (BOEHM; MITCHELL, 2009, p. 107, tradução nossa)[22]. Essa transição teve reflexos na liberdade dos artistas de redefinirem seus próprios trabalhos, impactando os atos criativos e expressões da arte moderna (BOEHM; MITCHELL, 2009).

Essa modificação no meio artístico pode ser exemplificada com a obra *New York City I*, do pintor Piet Mondrian, para quem é preciso ir além de uma representação da transparência. A simplicidade das formas e cores não representa linhas coloridas em um fundo branco, o significado esgarça sua ligação com o real para oferecer um outro olhar sobre esses elementos.

---

[22] "[...] to which images were to refer, which contents of the world they should thematise, and which cultural mission they were to fulfil" (BOEHM; MITCHELL, 2009, p. 107).

Figura 7 – A pintura *New York City I* de Piet Mondrian

Fonte: New York City I, 1942, Piet Mondrian, WikiCommons (2021)

Participante do movimento *De Stijl*, Mondrian se intitulava neoplasticista por apresentar um novo tipo de pintura abstrata, utilizando somente cores primárias, bem como linhas verticais e horizontais (TATE, 2018). De acordo com o Tate (2018), Mondrian escreveu nas primeiras onze edições da revista *De Stijl* o ensaio *Neo-Plasticism in Pictorial Art* no qual, em um trecho, ele afirma:

> A nova ideia plástica não pode, portanto, assumir a forma de uma representação natural ou concreta — essa nova ideia plástica irá ignorar as particularidades da aparência, isto é, a forma e a cor naturais. Pelo contrário, deve encontrar sua expressão na abstração da forma e da cor, ou seja, na linha reta e na cor primária claramente definida (TATE, 2018, *online*, tradução nossa)[23].

Assim, as obras do movimento se descolariam do uso das formas naturais e concretas de representação. Sugiro que o significado, nesse caso, está atrelado a uma abstração imagética. O que se quer mostrar

---
[23] "The new plastic idea cannot, therefore, take the form of a natural or concrete representation — this new plastic idea will ignore the particulars of appearance, that is to say, natural form and colour. On the contrary it should find its expression in the abstraction of form and colour, that is to say, in the straight line and the clearly defined primary colour" (TATE, 2018, *online*).

não está tão explicitamente relacionado à aparência, necessitando transitar por camadas mais profundas de pensamento.

Jacques Aumont (1993), por sua vez, ao discorrer sobre a relação entre ilusão e simulacro no realismo, se pergunta "em que medida a representação visa ser confundida com o que representa?" (AUMONT, 1993, p. 103). No intuito de buscar uma resposta, o autor primeiro define representação como "um processo pelo qual se institui um representante que, em certo contexto ilimitado, tomará o lugar do que representa" (AUMONT, 1993, p. 104).

Em seguida, aponta que a representação é arbitrária, pois há uma arbitrariedade presente nas convenções sociais que atuam tanto na instituição desse substituto quanto no próprio processo de representação. O autor sugere, assim, que a diferença entre uma pintura chinesa tradicional e uma fotografia de Ansel Adams, por exemplo, está subordinada ao que se entende como mais semelhante ou adequado à cultura ocidental do século 20.

Aumont complementa afirmando que a representação é motivada e que existem técnicas de representação imagéticas mais "naturais"[24] do que outras, fazendo com que certas convenções sejam "aprendidas com muita facilidade por todo indivíduo humano, ou nem mesmo precisam ser aprendidas" (AUMONT, 1993, p. 105). Como exemplo o autor menciona o crítico André Bazin, que afirmava o plano-sequência como a representação que se aproximava da esfera da realidade de maneira mais absoluta. Um plano-sequência no cinema é filmado como "um plano bastante longo e articulado para representar o equivalente de uma sequência" (AUMONT; MARIE, 2006, p. 231). Por último, reflete que as duas últimas posições são, em certa medida, incompatíveis e que as discussões sobre a questão do realismo surgem a partir do conflito entre o nível perceptivo e o nível socioeconômico.

Na primeira instância, estaria a possibilidade de comparação entre a reação de diferentes sujeitos frente às imagens e, na segunda, as sociedades que tratam com grau elevado de importância as imagens semelhantes. Tais sociedades são impelidas a "definir com rigor critérios de semelhança que podem variar completamente e que instituirão uma

---

[24] Aspas do autor.

hierarquia na aceitabilidade das diversas imagens" (AUMONT, 1993, p. 106). O autor aponta, então, que é imprescindível não misturar os significados de ilusão, representação e realismo:

> A representação é o fenômeno mais geral, o que permite ao espectador ver "por delegação" uma realidade ausente, que lhe é oferecida sob a forma de um substituto. A ilusão é um fenômeno perceptivo e psicológico, o qual, às vezes, em determinadas condições psicológicas e culturais bem definidas, é provocado pela representação. O realismo, enfim, é um conjunto de regras sociais, com vistas a gerir a relação entre a representação e o real de modo satisfatório para a sociedade que formula essas regras. Mais que tudo, é fundamental lembrar que realismo e ilusão não podem ser implicados mutuamente de maneira automática. (AUMONT, 1993, p. 106).

Já Christoph Wulf (2013) afirma, ao dissertar sobre o papel da imaginação humana ao contemplar imagens inanimadas, que cabe ao olhar escolher como se relacionar com os meios, pois este não reside nem no corpo, nem na imagem, mas se desdobra entre eles. Entendo que esse desdobrar seria o processo de criação atualizado no presente, conforme apresentarei na seção "Henri Bergson e o tempo na memória individual".

O autor também faz uma distinção entre tipos de imagens exteriores e interiores. Wulf (2013) subdivide a primeira esfera em três categorias: a imagem como presença mágica, a imagem como representação mimética e a imagem como simulação técnica. A **imagem como presença mágica** está relacionada às imagens de culto e sagradas, antes de serem consideradas arte. Um exemplo seriam as estátuas de santos que assegurariam a presença do divino.

A **imagem como representação mimética** trata da elaboração de uma imagem formada pelo olho interior do artista ou do poeta durante o processo artístico e que vem a ser projetada, não sendo importante a diferença entre o modelo e sua versão. O autor traz como exemplo os retratos renascentistas e as fotografias de "corpos humanos que representam seres humanos" (WULF, 2013, p. 32) e que, portanto, também encarnam as diferentes visões da humanidade ao longo da história.

E, por fim, a **imagem como simulação técnica** versa sobre a experiência do mundo na forma das imagens por meio da proliferação de fotos, filmes (cinema) e vídeos enquanto auxiliadores da memória. Para Wulf, as imagens "são criadas na troca com o outro e são feitas para se relacionar com outros" (WULF, 2013, p. 33), tornando-se atualmente um novo tipo de *commodity* que responde às leis econômicas do mercado.

Uma outra particularidade, de acordo com o autor, é que as imagens "estão em movimento, referenciando-se umas às outras" (WULF, 2013, p. 33) em uma constante criação a partir de imagens fragmentadas que, ao se reagruparem de maneira diferente, geram algo novo. Ele afirma também que esse intercâmbio gera um efeito de semelhança entre elas, mesmo quando aplicadas em contextos diferentes. Ao refletir sobre isso, considero que as imagens presentes do Instagram estão inseridas principalmente nas duas últimas categorias a partir do processo de criação dos objetos digitais.

No Instagram, as imagens (estáticas e em movimento) muitas vezes se mesclam com elementos textuais e sonoros. Mesmo quando só há texto, este se apresenta aplicado a um fundo que, quando na cor preta, transmite a sensação da inexistência de um suporte imagético. A "ausência de fundo" no sistema da tela corresponde à ausência de cor no sistema RGB — que faz referência às cores *red* (vermelho), *green* (verde) e *blue* (azul) (AMBROSE; PAUL, 2009).

O sistema RGB é utilizado, principalmente, nas interfaces digitais, ao contrário do sistema CMYK — *cian* (ciano), magenta, *yellow* (amarelo) e *black* (preto) —, utilizado para impressão (AMBROSE; PAUL, 2009). Cada uma dessas cores corresponde a um canal responsável por armazenar a informação de cor (AMBROSE; HARRIS, 2010). No RGB, o preto é a ausência de cor, representado pelo código hexadecimal #0000.

Então, mesmo que o fundo seja ausência de cor no sistema RGB, o olho capta a existência do preto nessa imagem. Já o branco, no sistema RGB, é a soma das cores, como se pode ver na próxima figura.

Figura 8 – A cor branca no sistema RGB

Fonte: a autora, 2022

Em ambos os sistemas, as cores são visíveis, pois o "sentimento de cor", como propõe Aumont (1993), está relacionado à reação dos nossos olhos ao comprimento de onda das luzes que os objetos emitem ou refletem. De acordo com o autor, as superfícies que refletem muito a luz aparecem como esbranquiçadas, as que refletem pouco a luz, como escurecidas, e as que refletem igualmente a luz, cinzentas.

De qualquer modo, parece pouco provável a publicação de uma imagem no Instagram que tenha apenas uma cor, sem texto, e, caso isso acontecesse, seria necessário um contexto para que outros usuários a compreendessem. O luto de uma pessoa, por exemplo, daria sentido à publicação de uma imagem composta apenas por um fundo preto.

Para Thibault-Laulan (1976), a significação de uma imagem está diretamente ligada ao contexto histórico, cultural e geográfico. Wulf corrobora essa visão e complementa: "o que vemos como uma imagem se refere a um exterior que está relacionado com o que é representado" (WULF, 2013, p. 25).

Mas, para pensar o Instagram e seus meandros, é necessário ir além das imagens e adentrar a plataforma, conhecendo mais a fundo sua gama de ferramentas e funcionalidades.

2.3 OS OBJETOS DIGITAIS NO INSTAGRAM

É importante grifar novamente o quanto o Instagram é uma plataforma em constante mudança. Ou seja, apesar dessa divisão que irei propor — e, ressalto, ela foi criada como um recurso para apresentar os conceitos de forma didática —, tenho certeza absoluta de que a plataforma mudará de acordo com intenções mercadológicas, como veremos no próximo capítulo.

O que quero salientar novamente é que, a partir da consolidação deste texto, essa estrutura já é passível de mudanças. Assim, não gostaria de focar o "isso já mudou", mas uma visão mais ampla. Meu coração já está (semi) em paz com o fato de que as funcionalidades aqui apresentadas podem não existir mais na publicação deste livro. Então, eu entendo este como um registro datado, que pretende servir mais para iniciar uma discussão conceitual do que efetivamente como um guia de funcionalidades do Instagram.

Como afirmei anteriormente, a imagem no Instagram é um objeto digital por si só. Mas existem outros elementos em torno da imagem que estão diretamente relacionados às funcionalidades disponíveis na plataforma para a criação de objetos digitais, dos mais simples aos mais elaborados, como veremos a seguir.

2.3.1 Partes fixas no Instagram

Ilustrativamente, divido o Instagram, em *partes fixas* e *voláteis*[25]. *Partes fixas* correspondem à estrutura da plataforma, que é imutável independentemente dos usuários como, por exemplo, os botões, as ações padronizadas para publicação, as áreas onde cada ação acontece.

---

[25] Ferreira (2019) utiliza como nomenclatura zonas fixas e zonas condicionais, mas esta não se aplica ao sentido que se quer dar neste texto por fazer referência a um diferente arcabouço teórico.

Na Figura 9, se encontra a área do perfil do usuário e suas funcionalidades, visualizadas por um usuário externo e em um perfil aberto. É importante salientar que essa configuração de tela pode mudar entre os sistemas operacionais, como Android (Google) e iOS (Apple). A Figura 9 se refere ao sistema operacional Android.

Na parte superior da área do usuário do Instagram, estão os identificadores do perfil, como a foto, o nome de usuário (que é precedido por um @ nas interações — é senso comum entre os usuários de Instagram que querem saber como encontrar o usuário, perguntar: "qual é o seu @?"), espaço para texto (geralmente usado como uma minibiografia do usuário) e *link*, o atalho para as configurações, os correspondentes numéricos à atividade do usuário em termos de: número de publicações, de seguidores e de perfis que o usuário segue, sejam eles pessoais ou comerciais; além do botão para enviar mensagem.

Caso a pessoa opte por manter o perfil privado, essa é a única parte visível para quem não é autorizado a segui-la. Assim, ao mesmo tempo que a internet oferece abertura e múltiplas possibilidades de interação, também é campo para "novas restrições e controles, expressando nossa ambivalência mais generalizada em relação à experiência da liberdade" (HORST; MILLER, 2012, p. 22, 23, tradução nossa)[26].

Abaixo dessa área, está o conteúdo publicado. Nos espaços circulares, aparecem os vídeos feitos no IGTV e as *histórias* que o usuário escolhe publicar. Caso não haja conteúdo, essa área aparece com um sinal de mais (+) para incentivar o usuário a inserir suas publicações. Em seguida, estão os possíveis modos de visualização das fotos e vídeos do perfil, seja em colunas ou linhas. Ao lado, um botão para visualizar as publicações em que o usuário foi marcado.

Mais abaixo, encontram-se as fotos, ilustrações e vídeos que o perfil publicou. Por fim, uma barra que mostra os atalhos para a *home* (área inicial que aparece quando a plataforma é acionada), busca, adição de publicação no perfil (que aparecerá no *feed* das pessoas que seguem o perfil), as notificações (pedidos para seguir, comentários feitos nas publicações do usuário ou nas de outros usuários mencionando o perfil) e atalho para acesso à área de perfil.

---

[26] "[…] new constraints and controls, expressing our more general ambivalence towards the experience of freedom" (HORST; MILLER, 2012, p. 22-23).

Figura 9 – Exemplos de partes fixas no Instagram na área do perfil do usuário

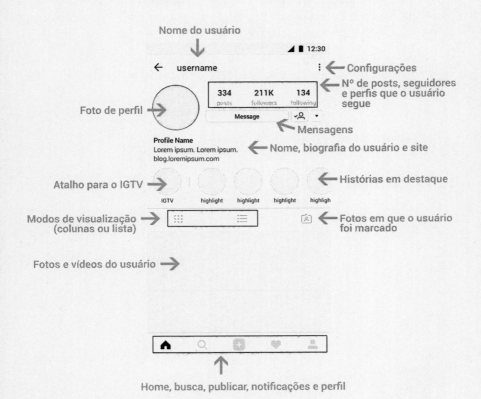

Fonte: DAMIN, 2020, p. 47; com base em INSTAGRAM MOCKUPS, 2018

Ao clicar nos três pontinhos, o usuário acessa as Configurações (Figura 10). Nesse local o usuário encontra a possibilidade de arquivar as publicações e as *histórias*; de verificar no *link Sua atividade* quanto tempo passou no Instagram, definir um lembrete que avisa quando ultrapassou o tempo de uso da plataforma que determinou, e configurar as notificações.

Além disso, nesse espaço, o usuário pode criar uma *tag* de nome, uma espécie de cartão de visita virtual com o nome do usuário; ver as publicações de terceiros que foram salvas pelo usuário; a lista com as pessoas que escolheu como melhores amigos (o que pode ser usado para filtrar quem vê determinado conteúdo publicado pelo usuário);

e a ferramenta de *encontrar pessoas*, que sugere perfis pessoais e comerciais para o usuário seguir, sugeridos de acordo com suas preferências, com outros perfis que segue e com seu comportamento de navegação. Essa sugestão também se dá por meio da conexão com os contatos do Facebook ou do telefone.

Figura 10 – Exemplos de partes fixas no Instagram nas Configurações

Fonte: INSTAGRAM, 2019

      Uma outra área considerada como parte fixa do Instagram são as listas de mensagens, conforme mostra a Figura 11. Essa área contempla uma lista com as conversas que já aconteceram, a possibilidade de iniciar uma nova conversa (por vídeo ou texto), de pesquisar conversas já realizadas, de enviar uma fotografia ou vídeo para as pessoas listadas e um atalho para acionar a câmera, com as opções também de enviar a foto ou o vídeo para uma pessoa ou um grupo ou publicar a imagem nas *histórias*.

Figura 11 – Exemplos de partes fixas no Instagram na área de mensagens

Fonte: DAMIN, 2020, p. 49; com base em INSTAGRAM, 2019

A imagem a seguir (Figura 12) mostra as partes fixas que permanecem quando o usuário acessa o *feed* ao clicar no botão de *home* (área inferior de navegação, botão que tem o formato de uma casa). No lado esquerdo, na parte superior, estão a marca Instagram, os botões de acesso ao IGTV, às mensagens, o atalho para inserir uma *história* (*seu story*) e, em seguida, os conteúdos transmitidos ao vivo e as *histórias* dos usuários que o perfil segue.

No lado esquerdo, na parte inferior, o menu de navegação que aparece em quase todas as telas (menos nas *histórias*, nas transmissões ao vivo e nos vídeos do IGTV): atalhos para *home* (usado para atualizar as publicações do *feed* quando estiver nele), busca, botão para publicar, notificações e perfil.

Figura 12 – Exemplos de partes fixas no Instagram no *feed* do usuário

Fonte: INSTAGRAM, 2019

Nas partes fixas das publicações, que aparecem tanto no *feed* quanto no perfil (lado direito), em cima da imagem, está a foto do perfil que publicou a fotografia, ilustração ou vídeo; e, abaixo dela, os botões: em forma de coração, o curtir (também conhecido como *like*), de balão de texto para deixar um comentário, de seta para compartilhar e de bandeirinha para salvar.

Tanto os conteúdos inseridos nessas funcionalidades quanto a área central fazem parte do que estamos denominando *partes voláteis* no Instagram, como veremos a seguir.

2.3.2 Partes voláteis no Instagram

Já as partes voláteis contemplam os objetos digitais criados pelos usuários e as interações entre os usuários. São as imagens, os vídeos, os textos, as mensagens trocadas, os comentários nas postagens, entre outros, que aparecem no *feed*, nas *histórias*, nas transmissões ao vivo e no IGTV.

A Figura 13 mostra um exemplo de *história*, contendo uma foto, intervenção com texto, um *emoji* de coração (também conhecido como *emoticon*, são os desenhos utilizados digitalmente para representar ações, objetos e emoções) e ilustração:

Figura 13 – Exemplos de partes voláteis: *histórias*

Fonte: INSTAGRAM, 2019

Um outro exemplo são as transmissões ao vivo. Elas são caracterizadas pela interação em tempo real com quem está realizando o vídeo, pois o usuário que transmite consegue ver as reações enviadas pelos outros usuários. A Figura 14 traz um exemplo que mostra o vídeo, as interações dos usuários, o espaço para enviar mensagem, para curtir e os *emoticons*. As transmissões *online* podem ter duração de até uma hora e mais de uma pessoa pode dividir o vídeo. Elas seriam, nesse caso, um objeto digital compartilhado.

Figura 14 – Exemplos de partes voláteis: transmissão ao vivo

Fonte: INSTAGRAM, 2020

Os vídeos no IGTV são outro exemplo de parte volátil no Instagram. Essa área, que permite a criação de canais, apresenta o vídeo principal e, abaixo dele, os outros vídeos do canal (Figura 15). Em cada vídeo, é possível enviar um comentário (que fica salvo), dar um *like* (da mesma forma que nas transmissões ao vivo, nas quais o símbolo do coração fica ao lado da caixa de comentário). O vídeo no IGTV tem duração máxima de dez minutos para contas comuns e de uma hora para contas verificadas (aquelas que possuem um selo de autenticidade conferido pela plataforma). Após publicado, o vídeo aparece tanto na área do IGTV quanto no perfil que o publicou. Esse recurso pode também ser acessado por um aplicativo externo, chamado IGTV Instagram.

Figura 15 – Exemplos de partes voláteis: IGTV @criatividadenapressao

Fonte: INSTAGRAM, 2020

Além das *histórias*, das transmissões ao vivo e do IGTV, tudo aquilo que é criado pelo usuário, seja uma publicação, seja a interação entre usuários, que pode acontecer a partir de uma publicação ou mensagem, pertencem às partes voláteis do Instagram. Um outro exemplo do que são as partes voláteis são os textos, vídeos e áudios trocados por mensagens. A Figura 16 mostra o funcionamento dessa área, integrando as partes fixas e voláteis.

As partes voláteis estão indicadas pela parte escrita em azul, já as fixas estão escritas em rosa. É importante apontar que existe uma relação de interdependência entre elas. Seria como se as partes fixas fossem o esqueleto e as partes voláteis fossem os órgãos vitais, pois uma é a sustentação e a outra é o que torna o organismo vivo e funcional.

Figura 16 – Funcionamento da área de mensagens

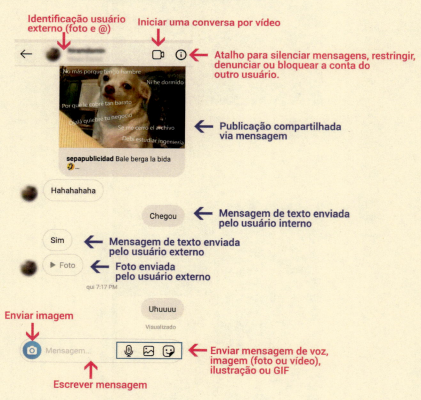

Fonte: DAMIN, 2020, p. 54; com base em INSTAGRAM, 2019

É como se as partes fixas englobassem as possibilidades para a feitura dos objetos digitais no Instagram pela plataforma, através da disponibilização de recursos para tal. Já as partes voláteis seriam o objeto digital em si, originado a partir do ato criativo que usa os recursos da plataforma para criar ou ressignificar esses objetos. Essas possibilidades de criação sem intervenção ou modificação de um objeto digital por meio do uso das ferramentas do Instagram fazem com que existam algumas particularidades, que demonstrarei a seguir.

2.3.3 Objetos digitais originais e modificados no Instagram

Então, ao passo que as funcionalidades são as mesmas, a criação dos objetos digitais depende do ato criativo do usuário e de sua familiaridade com as ferramentas existentes na plataforma Instagram. Para explicar de forma mais clara as possibilidades atuais do Instagram — ressaltando que é uma plataforma em constante mudança, portanto, estamos falando do Instagram relativo ao momento de escrita deste texto —, vamos dividir os objetos digitais em duas categorias: *objetos digitais originais* e *objetos digitais modificados*.

Na primeira, *objetos digitais originais*, temos o objeto sem intervenção adicional. Ou seja, a fotografia, vídeo ou texto publicado sem a adição de elementos como filtros, GIFs, música ou textos. Já os *objetos digitais modificados* são constituídos por objetos digitais originais adicionados de componentes ou alterados por edição, seja na plataforma Instagram, seja em outros aplicativos. Dessa forma, existiria uma camada sobreposta à outra, formando um novo objeto digital.

Entendemos que, nessa diferenciação, não existe uma discussão de qual seria o objeto mais autêntico, pois inferimos que a adição de elementos origina a criação de algo novo, em uma espécie de remixagem. Assim, o deslocamento de um objeto digital originalmente publicado no perfil e visualizado no *feed* para as *histórias*, por exemplo, formaria também dois objetos digitais diferentes, já que possuem características distintas, como tamanho da imagem (nas *histórias* o formato de publicação padrão é vertical, enquanto no *feed* é quadrado, apesar de permitir a publicação em outros formatos), entre outras.

As *histórias* podem ser criadas a partir do aplicativo da câmera do celular ou do Instagram. Com a câmera do Instagram, é possível escolher recursos de vídeo de aceleração e desaceleração, *looping* (conhecido como Boomerang), filtros, entre outros (Figura 17). Após filmar ou fotografar, o usuário tem à disposição atualmente[27] recursos de texto e imagem (*emoticons*, GIFs, letreiros etc.).

Figura 17 – Alguns dos recursos para a criação de *histórias*

Fonte: INSTAGRAM, 2020, *online*

Uma das últimas atualizações de funcionalidades possibilitou que os usuários criassem os próprios filtros, que podiam ser adicionados e colecionados por outros usuários (o que também foi uma abertura para as marcas criarem seus próprios filtros).

---

[27] É importante reforçar que a ferramenta está em constante modificação, adicionando e excluindo recursos. Portanto, esse é um panorama do aplicativo em um recorte temporal que, no caso, se trata de julho de 2018 a janeiro de 2020.

Figura 18 – Filtros para a criação de *histórias*

Fonte: INSTAGRAM, 2020, *online*

    É importante salientar que a dinâmica de criação, seleção, compartilhamento, interação e armazenamento na plataforma Instagram acontece em uma relação mercadológica, na qual o Facebook (proprietário do Instagram e agora a Meta Platforms) fornece gratuitamente o serviço, enquanto o usuário oferece, em troca, suas informações — que, por sua vez, se transformam em dados. Estes são usados para abastecer o mecanismo de publicidade, dar *feedback* sobre a própria ferramenta, aumentar o banco de dados de reconhecimento facial e oferecer produtos relacionados à localização do usuário, entre outros usos descritos na página *Data policy* (INSTAGRAM, 2019, *online*), como veremos no próximo capítulo.

3

AS ESTRUTURAS (IN)VISÍVEIS DO INSTAGRAM

A cada tecnologia criada, como a fotografia e os dispositivos de gravação de vídeo e áudio, por exemplo, ampliam-se as possibilidades de registro do agora com o objetivo de resguardar o passado. Nessa lista de tecnologias facilitadoras de registro, estão incluídos os *smartphones* conectados à internet que, com seus aplicativos e funcionalidades diversas, expandiram o uso do celular para além da prática do telefonar. Com ele, é possível fotografar, filmar, gravar sons, se conectar a outras pessoas e ter acesso às informações disponibilizadas na internet.

A anatomia de uma plataforma como o Instagram é, de acordo com Van Dijck, Poell e De Waal (2018), abastecida com dados organizados e automatizados através de algoritmos e interfaces, formalizada por uma relação de propriedade, conduzida por um modelo de negócios e gerenciada por acordos de usuários. Aqui compreendo essa relação de propriedade sob a perspectiva de uma governança corporativa. O Instituto Brasileiro de Governança Corporativa (IBGC) a define como

> [...] o sistema pelo qual as empresas e demais organizações são dirigidas, monitoradas e incentivadas, envolvendo os relacionamentos entre sócios, conselho de administração, diretoria, órgãos de fiscalização e controle e demais partes interessadas (IBGC, 2019, *online*).

Van Dijck, Poell e De Waal (2018, p. 141, tradução nossa) destacam que, para a plataforma funcionar em seu ecossistema, "ela depende fortemente de grandes quantidades de dados, gerados por um grande exército de usuários que enfrentam uma perda de controle sobre seus dados depois de terem aceitado os termos de serviço de uma plataforma"[28]. Ou seja, como abordado anteriormente, a coleta de dados (que podem ser transformados em informação, conhecimento e sabedoria) é uma prática corrente nas plataformas *online*.

---

[28] "[...] it heavily relies on large quantities of data generated by a vast army of users who face a loss of control over their data after they have accepted a platform's terms of service" (VAN DIJCK; POELL; DE WAAL, 2018, p. 141).

É por meio dessa coleta — e do armazenamento desses dados — que a mecânica de escolha entre quais publicações, perfis e anúncios serão visualizados opera para oferecer possibilidades cada vez mais segmentadas. Dentro dessa engrenagem, dois pontos são fundamentais para compreendê-la. São eles o *big data* e os algoritmos.

3.1 *BIG DATA* E ALGORITMOS

No cenário contemporâneo, que Andrew Hoskins (2011) chama de "*post-scarcity era*" (em português, "era pós-escassez"), há o excesso de informações criadas digitalmente e disponibilizadas *online*, provocando a diminuição na capacidade de compreendê-las e consumi-las. Já existem, inclusive, patologias identificadas que apontam para a ansiedade e o estresse gerados pela sobrecarga informacional, como a *l'infobésité* (neologismo francês que justapõe as palavras "informação" e "obesidade"), por exemplo (L'EXPANSION, 2019, *online*).

Outra implicação observada por Hoskins a partir do surgimento das mídias digitais e suas tecnologias associadas é a acentuação da ideia de dicotomia da memória, entre lembrança e esquecimento, como "[...] fixa, incapaz de ser apagada, ou como algo que escapa dos processos cognitivos e materiais de captura, armazenamento e recuperação, em outras palavras, o esquecimento" (HOSKINS, 2011, p. 271, tradução nossa)[29]. Ou seja, a consolidação de uma memória facilitada pelos suportes de armazenamento estaria em oposição ao que não é armazenado, sendo facilmente esquecido.

Atualmente, o ciclo de produção e disseminação da informação *online* é de 24 horas por dia, sete dias por semana. É inegável a facilidade de difusão de uma notícia — no sentido jornalístico da palavra — ao redor do mundo no século 21 se comparada ao início do século 20. De acordo com Howard Besser *et al*. (2014, p. 3, tradução nossa)[30], "[...] o ciclo de notícias de 24 horas agora opera em um ciclo contínuo de processos complexos e distribuídos para capturar, processar, criar versão, apresentar, revisar, responder e atualizar". Para além das notícias, usuários conectados às plataformas como o Instagram criam,

---

[29] "[...] either immovable and inerasable or as something that ultimately slips through the cognitive and material processes of capture, storage and retrieval, in other words, forgetting" (HOSKINS, 2011, p. 271).
[30] "[...] the 24-hour news cycle now operates on a continuous loop of complex and distributed processes to capture, process, version, present, revise, respond and update" (BESSER *et al*., 2014, p. 3).

recriam, compartilham, interagem e fazem crescer o dilúvio de dados, como afirmam Kaplan e Di Lenardo:

> As fotos carregadas nas redes sociais são conjuntos de dados em constante crescimento, e o volume de micro-mensagens enviadas por dia continua aumentando. [...] Da perspectiva do Big Data, todo conjunto de dados tende a se tornar um fluxo de dados (isto é, uma parte do dilúvio de dados) (KAPLAN; DI LENARDO, 2017, p. 2, tradução nossa)[31].

Os autores argumentam, nesse artigo intitulado *Big data of the past*, que, apesar de *big data* ser uma nomenclatura nova, a história é marcada por regimes de aceleração de dados, nos quais o surgimento de novas tecnologias e as transformações sociais ocasionadas por elas fazem surgir um sentimento de sobrecarga informacional.

Miller *et al.* (2016) afirmam que esse aumento na capacidade de armazenamento de dados muda o senso da memória coletiva ao criar maneiras, internas e externas, de reter informações na direção de expandir nossas capacidades. Mesmo assim, segundo os autores, nossa humanidade não é modificada e continuamos sendo seres sociais: o que difere é o meio onde a interação social acontece.

Apesar de as plataformas *online* explorarem argumentos sociais de uso — o Instagram, por exemplo, tem como *slogan* "Nós aproximamos você das pessoas e coisas que ama" (INSTAGRAM, 2019, *online*, tradução nossa)[32] —, existe uma lógica de mercado presente nas diferentes camadas dos *software*s e tal lógica passa pelos conceitos de *big data* e algoritmos.

Entender a relação entre *big data* e algoritmos é fundamental para reconhecer a complexa trama que emerge a partir da criação das plataformas *online*, sobretudo nos últimos anos. Por isso, se pensarmos em um futuro atualizando esse passado, é necessário salientar que esses dois elementos associados são partes inerentes dessas plataformas, capazes de modificar a forma como os objetos digitais são criados, visualizados. Vale salientar que, muitas vezes, é por meio

---

[31] "[...] photos uploaded on social networks constitute ever-growing datasets, and the volume of micro-messages sent per day keeps rising. [...] from the perspective of Big Data, every dataset tends to become a data stream (i.e., a part of the data deluge)" (KAPLAN; DI LENARDO, 2017, p. 2).

[32] "We bring you closer to the people and things you love" (INSTAGRAM, 2019, *online*).

dos algoritmos pensados a partir do *big data* que se inicia a interação entre os usuários.

De acordo com a IBM (2019), o termo *big data* não se refere a uma tecnologia específica, mas a um ecossistema de tecnologias que tem como objetivo extrair o significado contido nos dados brutos. Esses dados — que podem ter diferentes origens — são, então, transformados de forma que sejam visualizados mais facilmente por meio de programas de análise. Um exemplo é o *Google Trends*[33], que agrupa os termos mais procurados na busca do Google e que são, por sua vez, vistos como uma tendência pela ferramenta. Outro exemplo é o reconhecimento facial, que pode servir para identificar uma pessoa em uma foto, tanto para que esta seja marcada no álbum de fotos do Facebook quanto para que objetivos mais obscuros sejam atingidos. Tais objetivos extrapolam até mesmo a privacidade *offline*, como apontam Evan Selinger e Woodrow Hartzog em *Obscurity and privacy* (2017).

Outro exemplo é o que Van Dijck, Poell e De Waal (2018, p. 14) vão chamar de um ecossistema de plataforma, constituído pelas *Big Five*, as cinco maiores empresas de tecnologia, e suas plataformas que variam de tamanho conforme sua importância dentro do ecossistema.

A Oracle (2019) mapeia como características do *big data* os chamados *seis Vs*: volume (o grande volume de dados não estruturados recebidos), velocidade (a velocidade em que esses dados são recebidos, administrados e avaliados), variedade (os diferentes tipos de dados vindos de diversas fontes), valor (o valor de mercado e de estratégia dos dados) e veracidade (quanto esses dados são confiáveis).

Já segundo Viktor Mayer-Schönberger e Kenneth Cukier (2013), o termo *big data* se refere à extração de novas ideias e valores a partir de um modelo que só funciona em larga escala e que é capaz de mudar desde mercados e organizações até governos e cidadãos.

Para eles, o *big data* provoca

> [...] três grandes mudanças de mentalidade que estão interligadas e se reforçam, umas às outras. A primeira é a capacidade de analisar grandes quantidades de dados sobre um tópico, em vez de ser forçado a lidar

---

[33] Para saber mais: https://trends.google.com.br.

com conjuntos menores. A segunda é a disposição de abraçar a confusão do mundo real dos dados em vez de privilegiar a exatidão. A terceira é um respeito crescente pelas correlações em vez de uma busca contínua por uma causalidade enganosa. (MAYER; CUKIER, 2019, p. 19, tradução nossa)[34].

Essas correlações podem ser alcançadas nas plataformas por meio de algoritmos. Seguindo a definição de Tarleton Gillespie (2014), os algoritmos são instruções que transformam os dados que entram em um *software*, por exemplo, na resposta que se deseja, a partir de cálculos específicos. O autor ressalta que os algoritmos, chamados por ele de algoritmos de relevância pública, estão produzindo e certificando o conhecimento de modo que estamos nos voltando a eles para identificar aquilo que precisamos saber. Gillespie (2014) exemplifica que seria o equivalente a confirmar nossas respostas através do método científico, do senso comum ou da palavra de Deus, tamanha a confiança depositada neles.

Com um olhar de atenção sobre os algoritmos como fonte de informação e suas possíveis ramificações políticas, o autor destaca seis dimensões dessa questão: padrões de inclusão, ciclos de antecipação, avaliação da relevância, promessa de objetividade do algoritmo, entrelaçamento com a prática e produção de públicos calculados[35].

A primeira, *padrões de inclusão*, trata da criação de um padrão indicativo que influenciará diretamente em como os dados serão preparados para o algoritmo, considerando as escolhas por trás disso — mais especificamente, o que será excluído e o que será incluído nessa criação. Juliana Sayuri (2019, *online*), em reportagem sobre sexismo e algoritmos, traz a fala de Letícia Pozza: "o algoritmo parece algo muito tecnológico, mas são apenas regras que um ser humano criou [...] o que devemos discutir é se as pessoas que criam essas regras são capazes de ensinar esses algoritmos a buscar diversidade".

---

[34] "[...] three major shifts of mindset that are inter*link*ed and hence reinforce one another. The first is the ability to analyze vast amounts of data about a topic rather than be forced to settle for smaller sets. The second is a willingness to embrace data's real-world messiness rather than privilege exactitude. The third is a growing respect for correlations rather than a continuing quest for elusive causality" (MAYER; CUKIER, 2019, p. 20).

[35] No idioma original: "[...] patterns of inclusion, cycles of anticipation, the evaluation of relevance, the promise of algorithmic objectivity, entanglement with practice and the production of calculated publics (GILLESPIE, 2014, p. 68).

A criação desse padrão pelo programador pode direcionar o resultado do algoritmo para diferentes caminhos, incluindo caminhos machistas, homofóbicos e racistas[36], devido à falta de representatividade no mercado. Uma pesquisa do projeto #QUEMCODABR[37], promovida pelo PretaLab em parceria com a Thoughtworks (PRETALAB, 2019, *online*), mostrou que, das 693 pessoas que trabalham na área de tecnologia nos 21 estados e no Distrito Federal, 68% eram homens; 31,7%, mulheres e 0,3%, intersexo. A maioria, 58,3%, era composta por pessoas brancas. Ou seja, um mercado majoritariamente composto por homens cisgêneros brancos, como constatou a pesquisa e que, portanto, reflete essa visão nos serviços e produtos que cria.

A segunda dimensão, *ciclos de antecipação*, pontua que existem implicações quando o algoritmo é feito para tentar identificar e prever o comportamento dos usuários. De acordo com essa dimensão, as conclusões desenhadas pelos criadores dos algoritmos são significativas nesse contexto. Um exemplo disso é quando se pesquisa por um determinado lugar, mesmo dentro das plataformas, e os algoritmos entendem que, se o usuário está procurando por esse lugar, é porque está planejando uma viagem. A partir desse momento, começam a aparecer anúncios de passagens aéreas, hotéis, pacotes de turismo.

A busca da Amazon (AMAZON, 2019) oferece, atualmente, um sistema de personalização e recomendação em tempo real por meio de um algoritmo customizado de acordo com os dados e preferências de cada usuário. A partir de um local de armazenamento ou de uma API[38] personalizada, a Amazon automaticamente processa, examina, identifica o que é importante, seleciona os algoritmos apropriados, treina e otimiza um modelo personalizado.

Com base nisso, gera uma aplicação personalizada que mostrará ao usuário em tempo real as recomendações alinhadas ao seu perfil de consumo como, por exemplo, livros com a mesma temática de sua busca ou livros do mesmo autor. O sistema "aprende" quais produtos têm mais chance de serem comprados pelo usuário, inclusive por impulso,

---

[36] O projeto Racial Literacy (https://racialliteracy.tech/) aprofunda essa discussão.
[37] A pesquisa completa pode ser acessada em https://www.pretalab.com/dados (PRETALAB, 2019, *online*).
[38] API é "um conjunto de rotinas e padrões de programação para acesso a um aplicativo de *software* ou plataforma baseado na web" (CANALTECH, 2019, *online*).

ao estimular a compra com apenas um clique (uma vez que os dados bancários e de entrega já estão armazenados).

Já na terceira dimensão da questão, *avaliação da relevância*, estão os critérios, desconhecidos pelos usuários, que tornam um resultado mais ou menos relevante. Além disso, tais critérios mostram como existe uma escolha política acerca da apropriação e legitimação do conhecimento. É o caso, por exemplo, do algoritmo da ferramenta de recrutamento da Amazon que identificava palavras do gênero feminino em currículos e os colocava por último da fila (SAYURI, 2019, *online*).

A quarta, *promessa de objetividade do algoritmo*, é o reforço de que o caráter técnico do algoritmo garante imparcialidade e como esse posicionamento é mantido mesmo diante de uma controvérsia. Um exemplo recente é o da busca das imagens do Google que oferecia como resultado para o termo "mulher negra dando aula" uma série de imagens pornográficas. O mesmo não acontecia quando era digitado "mulher branca dando aula". Como explicação, o Google reforçou que apenas indexa o que se encontra disponível na internet, não sendo responsável pela criação desse tipo de conteúdo (LOUBAK, 2019, *online*). Ou seja, usou como argumento o caráter técnico para minimizar sua parcela de responsabilidade.

A quinta, *entrelaçamento com a prática*, ressalta que os usuários podem modificar a maneira pela qual usam algoritmos dos quais dependem, podem utilizá-los como territórios em disputas políticas ou até mesmo interrogar a própria política existente no núcleo do algoritmo. Um usuário da plataforma Twitter[39] pode, por exemplo, utilizar uma *hashtag* específica para tornar o termo mais relevante. Outro exemplo são usuários que, deliberadamente, curtem páginas de candidatos políticos adversários para não deixar claro ao algoritmo qual seu posicionamento.

E, por último, a *produção de públicos calculados*. Aqui entraria a segmentação de públicos, as "bolhas" de consumidores. Ou seja, como, a partir de um agrupamento feito pelo algoritmo, os usuários se veem e se identificam entre eles e quem se beneficia desse conhecimento. Nesse caso, é possível inferir que os anunciantes, com a facilidade de direcionar seus produtos e serviços para um nicho específico de público, são

---

[39] Plataforma para publicação e troca de mensagens de texto curtas, permitindo também a publicação de imagens e vídeos. Para saber mais: https://help.twitter.com/pt/new-user-faq.

grandes beneficiários dessa lógica. Fred Turner (2014, p. 253, tradução nossa) reforça essas seis visões ao afirmar que:

> Como Gillespie explica, os algoritmos buscam e criam padrões nos dados. Nesse sentido, eles fazem o tipo de trabalho que os analistas de mídia costumavam atribuir aos produtores humanos de coisas, como filmes e álbuns de música. Eles selecionam e fazem a curadoria. E, talvez, de forma ainda mais influente, codificam os termos pelos quais uma determinada produção cultural pode ser reconhecida pelos sistemas sociais e técnicos que implementaram os algoritmos. As pessoas que produzem textos devem procurar produzi-los de formas que o algoritmo irá reconhecer se essas pessoas buscam encontrar uma audiência. O público (a audiência), por sua vez, deve abordar textos digitais por meio de algoritmos de acesso institucionalizados — isto é, mecanismos de pesquisa — que moldarão o que esses públicos podem ver e ouvir (TURNER, 2014, tradução nossa)[40].

Além disso, o uso e direcionamento de algoritmos a partir dos dados dos usuários levantam muitas questões éticas, inclusive de privacidade[41]. Mas, se olharmos especificamente para o Instagram, como ele trata essas questões dentro da plataforma? Para uma apuração mais detalhada — mas nunca completa, devido à impossibilidade de visualização das estruturas internas de programação —, é necessário descortinar sua Política de Dados.

3.2 A POLÍTICA DE DADOS DO INSTAGRAM

Já citei anteriormente que existe uma relação mercadológica entre usuários e o Instagram através da qual os dados são a grande moeda de troca. Além disso, os dados alimentam a inteligência por

---

[40] "As Gillespie explains, algorithms seek and make patterns in data. In that sense, they do the sort of work media analysts used to ascribe to human producers of things like movies and record albums. They select and curate. And perhaps even more influentially, they encode the terms by which a given cultural production can even be recognized by the social and technical systems that have deployed the algorithms. People who produce texts must aim to produce them in forms that the algorithm will acknowledge if they hope to find an audience. Audiences in turn must approach digital texts through institutionalized algorithms of access — that is, search engines — that will shape what those audiences can see and hear" (TURNER, 2014, p. 253).

[41] Entre os estudos no Brasil sobre privacidade na internet e nas plataformas, podemos destacar as publicações da Internet Governance, da FGV (https://internet-governance.fgv.br/publicacoes), e do Núcleo de Informação e Coordenação do Ponto BR – NIC.br (https://nic.br/publicacoes/indice/).

trás dos algoritmos e das constantes mudanças na plataforma. Para evidenciar essas afirmações, passaremos pelos pontos descritos na política de dados da plataforma (INSTAGRAM, 2019, *online*)[42], atualizada em 19 de abril de 2018.

É importante lembrar que o Instagram é de propriedade do Facebook (agora Meta Platforms, como veremos a seguir) e, portanto, essa política de dados menciona muitas vezes o Facebook, e não o Instagram. Ela é dividida em nove partes e possui *link*s para outros documentos legais e explicações sobre termos e funcionalidades existentes na plataforma, como a *hashtag*, por exemplo.

O primeiro ponto trata sobre *quais são os tipos de informações coletadas*. O documento inicia afirmando que o tipo de informação depende do uso que é feito dos produtos. Também oferece acesso a *link*s para que o usuário possa acessar e deletar os dados coletados. Ao clicar no *link* referente ao Instagram, é possível ter um panorama das atividades realizadas no perfil e nas *histórias*, acessar informações sobre a conta, sobre as conexões e os interesses em anúncios (que mostram uma lista de interesses, como família, brinquedos, vestuário, imóveis, negócios, fotografia etc.), entre outros. Existe uma subdivisão nesse primeiro ponto entre:

a. **o que o usuário que tem o perfil e o que os outros usuários fazem e fornecem**: em linhas gerais, o Instagram coleta todo conteúdo, comunicação e informação gerados no uso da plataforma. Isso pode, segundo essa política de dados, incluir a localização de uma foto e a data em que o arquivo foi criado ou até mesmo sugerir filtros ou uma posição mais adequada para a câmera. É mencionado que alguns tipos de informação, como religião, origem étnica, credos ou até filiação sindical, podem ter uma proteção especial de acordo com a legislação do país do usuário. Também são coletadas informações sobre as conexões entre usuários, assim como *hashtags* e informações de contato — caso o usuário tenha escolhido importar ou sincronizar contatos a partir de outro dispositivo. Os contatos salvos no telefone podem, então, ser usados pela plataforma para sugerir pessoas conhecidas

---

[42] Para evitar a repetição, ressaltamos que todos os pontos sobre a política de dados, a seguir, correspondem a INSTAGRAM, 2019, online. Citações ou referências exteriores a essa política serão indicadas no texto.

para o usuário se conectar. O tipo de conteúdo acessado, o engajamento do usuário em cada um deles, o tempo, duração e frequência de cada atividade, recursos utilizados, transações financeiras realizadas a partir da plataforma, além de informações que outros perfis disponibilizam sobre o usuário — como marcar o usuário em uma foto, por exemplo — também são coletados pelo Instagram.

b. **o que o dispositivo fornece**: a política de dados informa que o Instagram coleta as informações de e sobre qualquer dispositivo usado para acessar a plataforma pelo usuário. A justificativa apresentada é a de que isso faz com que o conteúdo — incluindo os anúncios — seja mais personalizado. Entre as informações captadas, estão os atributos do dispositivo (sistema operacional, nível de bateria, nível do sinal do celular, quantidade de espaço em memória, nomes de aplicativos, performance do dispositivo, movimentos do mouse, sinais de *bluetooth* e Wi-Fi próximos, localização do GPS, o que é captado pela câmera, velocidade de conexão e até mesmo informações sobre dispositivos próximos ou na mesma rede — com a alegação de ajudar o usuário a transmitir um vídeo pela TV em vez de pelo celular, por exemplo.

c. **as informações vindas dos parceiros do Instagram**: caso o anunciante utilize um recurso do Instagram fora da plataforma, como a possibilidade de entrar em um site por meio dos dados de login e senha do Instagram, o Instagram pode coletar informações de fora da própria plataforma, incluindo sites visitados, compras realizadas, anúncios vistos. Isso pode acontecer mesmo se o site externo não utilizar o login do Instagram, mas fizer uso de qualquer outro recurso provido por ele.

O segundo ponto da política de dados aborda *como a informação é utilizada*, reforçando que isso acontece a partir das escolhas feitas pelo usuário, para fornecer os produtos e respectivos suportes descritos nos termos de uso do Instagram. Entre os usos das informações coletadas, o Instagram lista a personalização e a melhoria de recursos, o cruzamento de informações entre plataformas — como Instagram e

Facebook, Instagram e WhatsApp[43] —, a sugestão de produtos e serviços com base no perfil e localização do usuário, testes e pesquisas sobre novos produtos e funcionalidades do Facebook e reconhecimento facial — justificado como forma de reconhecer o usuário em fotos e vídeos, sob a sujeição das leis de cada país.

Além disso, a informação, segundo a plataforma, é utilizada para fornecer dados analíticos para anunciantes, identificar e combater *spam* e condutas suspeitas, possibilitar a comunicação entre o usuário e a plataforma, e para conduzir e apoiar pesquisas de interesse público, como, por exemplo, a análise de padrões de migração durante períodos de crises e desastres naturais[44].

O ponto número três da política de dados discorre sobre *como a informação do usuário é compartilhada* com terceiros (sejam eles outros usuários ou elementos externos à plataforma, como anunciantes) e informa que, dentro do Instagram, o usuário decide para quem a informação será compartilhada. Podemos exemplificar com a funcionalidade *melhores amigos*, que faz com que o usuário selecione quais pessoas podem ver determinada *história*, ou com a escolha pelo usuário de deixar o perfil público.

Algumas informações, como nome do perfil, são mantidas abertas independentemente da privacidade escolhida pelo usuário e podem ser visualizadas mesmo por quem não tem Instagram. O conteúdo que outras pessoas compartilham sobre o usuário também é uma via de acesso de dados, assim como os comentários e *likes* deixados em perfis de terceiros. A plataforma também pode, de acordo com as configurações escolhidas, disponibilizar para as pessoas conectadas a determinado perfil se este está *online* ou quando foi o último acesso.

A política de dados notifica que, caso o usuário aceite utilizar aplicativos, sites ou outros serviços de terceiros que estão integrados com o Facebook, esses terceiros podem ter acesso às informações que o usuário escolher compartilhar. Apesar disso, o usuário pode estar vulnerável quando se trata de compartilhamento de informações,

---

[43] Plataforma para troca de mensagens por texto, voz, imagens e vídeos. Para saber mais: https://olhardigital.com.br/noticia/whatsapp-historia-dicas-e-tudo-que-voce-precisa-saber-sobre-o-app/80779.
[44] Projeto Facebook Disaster Maps: Aggregate Insights for Crisis Response & Recovery, disponível em https://research.fb.com/publications/facebook-disaster-maps-aggregate-insights-for-crisis-response-recovery/ (MAAS *et al.*, 2019, *online*).

como aconteceu com o caso da *Cambridge Analytica*[45]. Se o perfil for assumido por um outro usuário, a informação sobre esse perfil é direcionada para ele. Outro caso em que as informações do usuário podem ser compartilhadas é quando há um pedido legal para acessá-las.

O quarto ponto da política de dados trata de *como as empresas do Facebook trabalham juntas* e ressalta que o Instagram e o Facebook compartilham sistemas, tecnologia e infraestrutura com outras plataformas e serviços, como o WhatsApp. Dessa forma, as informações dos usuários circulam entre essas empresas, conforme avisam os termos e políticas.

No quinto ponto, o foco está em *como o usuário pode gerenciar e deletar suas informações*. A política informa que ao usuário são dadas as possibilidades para que ele acesse, porte, retifique e apague seus dados. Caso ele deseje deletar suas informações, aquilo que outras pessoas compartilharam sobre o usuário permanecem. Há uma diferença entre essa versão de 2018 da política de dados e a de 2015[46]. Na primeira, é afirmado que, quando o perfil é apagado, os dados também são, com algumas exceções: dependem de sua natureza, relevância, do motivo da coleta e da sua necessidade para a operabilidade do sistema.

Já em 2015, a política a respeito disso era mais clara e taxativa quanto ao armazenamento dos dados. A empresa avisava que, assim que excluída a conta, poderia demorar até 90 dias para deletar todas as ações do usuário. Afirmava também que alguns dados permaneceriam no banco de dados do Facebook, por razões técnicas, mas que tal material seria desassociado de qualquer tipo de identificação — e aqui a distinção entre dados e informações proposta por Logan (2011) ganha nova relevância se pensarmos que os dados, e não as informações, são mantidos.

O sexto ponto aborda *como a empresa responde às questões legais e previne possíveis danos*. É posto que as informações podem ser compartilhadas, acessadas e preservadas caso haja um pedido legal (como um mandado judicial, por exemplo), mas somente se a empresa entender que a lei assim exige, incluindo a legislação de outros países que não os Estados Unidos, onde a sede do Facebook está localizada.

---

[45] Para saber mais, ver a investigação do jornal britânico *The Guardian* sobre o assunto, disponível em: https://www.theguardian.com/news/series/cambridge-analytica-files.

[46] Ano em que foi criado o projeto da autora para entrar no doutorado. Infelizmente, não há registro *online* disso, já que a página na internet foi atualizada, restando apenas uma referência no projeto.

Também são realizadas medidas legais, de acordo com a política de dados, quando a empresa considera ser necessário prevenir, detectar e combater casos de fraude, violações dos termos e políticas do Facebook, uso impróprio de produtos da empresa, outros tipos de atitudes ilegais ou prejudiciais, que possam oferecer riscos ao usuário ou a outras pessoas, inclusive a morte. As informações e transações financeiras realizadas a partir das plataformas e produtos do Facebook — incluindo o Instagram — também podem ser acessadas e preservadas por motivos legais.

O ponto número sete da política de dados explica *como o Facebook opera e transfere dados como parte de um serviço global*, ressaltando que as informações são compartilhadas globalmente, tanto com as empresas no guarda-chuva do Facebook quanto com parceiros e terceiros conectados por escolha do usuário. A política afirma que isso é necessário para prover os serviços descritos nos termos do Instagram, mas que existem cláusulas específicas para determinados países. Um exemplo foi o estabelecimento de requisitos especiais para responder a uma demanda da Comissão Europeia.

Por fim, o ponto oito elucida *como o usuário será notificado de mudanças na política de dados*, informando que essa notificação ocorre para que o usuário a revise antes de continuar usando as plataformas; e o ponto nove informa *como o usuário pode entrar em contato com o Facebook para perguntar algo referente à política*. Para isso, fornece *link*s para a seção de privacidade nos termos de uso do Instagram e para o *TrustAct*, programa que oferece a empresas um certificado de privacidade[47], através do qual também é possível resolver disputas e questões sobre as políticas de privacidade do Facebook. É também oferecido nesse item como alternativas de contato um formulário *online* e um endereço para correspondência.

3.3 A MUDANÇA PARA META PLATFORMS

Em 28 de outubro de 2021, Mark Zuckerberg anunciou a mudança do nome da empresa guarda-chuva de Facebook para Meta Platforms, ou simplesmente, Meta (KALUAN, 2022, *online*). A mudança para o nome Meta, de **metaverso**, conceito esse que, segundo o professor da USP Luli Radfahrer, em entrevista para a CNN, surge na literatura

---

[47] Para saber mais: https://feedback-form.truste.com/watchdog/request.

cyberpunk dos anos 1980, especificamente na obra *Snow Crash* (MALAR, 2022, *online*). O metaverso seria um ambiente digital alternativo, de imersão em uma suposta realidade virtual, paralela.

O *Second Life* foi o pioneiro a apresentar, em 2003, a proposta de ser um metaverso e, com essa nova "onda", já sinalizou que pretende se atualizar para entrar em consonância com tecnologias recentes de realidade virtual[48] (PACHECO, 2022, *online*). Nelson Zagalo, Leonel Morgado e Ana Boa-Ventura (2012, p. 1, tradução nossa), no livro *Virtual Worlds and Metaverse Platforms: New Communication and Identity Paradigms*, apresentam o *Second Life* como "um espaço aberto e um mundo simbólico de co-criação de conteúdo orientada pelo usuário[49]".

Na data de lançamento da Meta, Zuckerberg divulgou uma carta (KALUAN, 2022, *online*), que será reproduzida na íntegra e que contém pontos importantes que discutirei a seguir:

> **Carta do fundador, 2021**
>
> Estamos no começo do próximo capítulo da internet, e o próximo capítulo da nossa empresa também.
>
> Nas últimas décadas, a tecnologia deu às pessoas o poder de nos conectar e nos expressar mais naturalmente. Quando comecei o Facebook, nós escrevíamos principalmente textos em websites. Então vieram os celulares com câmera e a internet se tornou mais visual e móvel. Conforme as conexões se tornaram mais rápidas, o vídeo se tornou uma forma mais rica de compartilhar experiências. Nós fomos do computador para a internet e dali para o celular; fomos de textos para fotos e então para vídeos. Mas esse não é o fim da linha.
>
> A próxima plataforma será ainda mais imersiva — uma internet incorporada na qual você está na experiência, não apenas olhando para ela. Nós chamamos isso de metaverso e fará parte de todos os produtos que construirmos.
>
> A qualidade definidora do metaverso será um sentimento de presença — como se você estivesse com outra pessoa em outro lugar. Sentir-se realmente presente com outra

---

[48] Para saber mais: https://www.showmetech.com.br/second-life-investira-no-metaverso.
[49] "[...] an open space and symbolic world of user-driven co-creation of content" (ZAGALO; MORGADO; BOA-VENTURA, 2012, p. 1).

pessoa é o sonho máximo da tecnologia social. E é isso o que estamos focados em construir.

No metaverso, você será capaz de fazer quase tudo o que imaginar — ficar junto de amigos e familiares, trabalhar, aprender, jogar, comprar, criar — assim como viver experiências completamente novas que não se encaixam em como pensamos computadores ou telefones hoje. Nós fizemos um filme que explora como você poderá usar o metaverso um dia.

Nesse futuro você poderá se teletransportar instantaneamente como holograma para o escritório sem precisar se deslocar, ir para um show com amigos ou ficar na sala de estar de seus pais para socializar. Isso abrirá mais oportunidades, não importa onde você viva. Você poderá dedicar mais tempo no que importa para você, diminuir o tempo no trânsito e reduzir sua pegada de carbono.

Pense em quantas coisas físicas que você tem hoje e que podem se tornar apenas hologramas no futuro. Sua TV, seu espaço de trabalho com vários monitores, seus jogos de tabuleiros e mais — em vez de objetos físicos construídos em fábricas haverá hologramas desenhados por criadores ao redor do mundo.

Você poderá navegar por essas experiências em dispositivos diferentes — óculos de realidade aumentada para continuar presente no mundo físico, realidade virtual para se tornar completamente imerso, telefones e computadores para ir para plataformas que já existem. Isso não é sobre passar mais tempo em telas; é sobre melhorar o tempo que já gastamos.

Nosso papel e nossa responsabilidade

O metaverso não será criado por uma empresa. Ele será feito por criadores e desenvolvedores fazendo novas experiências e itens digitais que serão interoperáveis e destravarão uma economia criativa muito maior do que a atual, presa a plataformas e suas políticas.

Nosso papel nessa jornada é o de acelerar o desenvolvimento de tecnologias fundamentais, plataformas sociais e ferramentas criativas para dar vida ao metaverso — e tecer essas tecnologias por meio de nossos aplicativos de redes sociais. Acreditamos que o metaverso possa permitir melhores experiências sociais do que qualquer coisa que exista hoje — e dedicaremos toda nossa energia para ajudar a conquistar esse potencial.

Como eu escrevi em nossa carta do fundador original: "não construímos serviços para fazer dinheiro; fazemos dinheiro para construir serviços melhores".

Esta abordagem funcionou bem. Construímos nosso negócio para apoiar investimentos muito grandes e de longo prazo voltados a construir serviços melhores. E é isso o que planejamos fazer aqui.

Os últimos cinco anos foram de muita humildade para mim e para nossa empresa de várias formas. Uma das principais lições que aprendi é que construir produtos que as pessoas amem não é o suficiente.

Ganhei mais apreço pelo fato de que a história da internet não é uma linha reta. Cada capítulo traz novas vozes e ideias, mas também novos desafios, riscos e interesses estabelecidos. Precisaremos trabalhar juntos, desde o começo, para dar vida à melhor versão possível desse futuro.

Privacidade e segurança precisam ser construídos dentro do metaverso desde o primeiro dia. Assim também são os padrões abertos e a interoperabilidade. Isso necessitará não apenas muito trabalho técnico — como apoiar projetos de corpo e NFT na comunidade — mas também novas formas de governança. Mas, mais do que tudo, precisamos ajudar a criar ecossistemas para que mais pessoas tenham interesse no futuro e possam se beneficiar não só como consumidoras, mas também como criadoras.

Esse período foi de humildade porque como uma empresa grande como somos, nós também aprendemos como é construir em outras plataformas. Viver sob essas regras moldou profundamente minhas visões sobre a indústria da tecnologia. Agora eu acredito que a falta de escolha dos consumidores e altas taxas para desenvolvedores estão sufocando a inovação e travando a economia da internet.

Tentamos uma abordagem diferente. Queremos que nossos serviços sejam acessíveis para tantas pessoas quanto for possível, o que significa trabalhar para que eles custem menos, não mais. Nossos aplicativos móveis são gratuitos. Nossas ferramentas de comércio estão disponíveis a preço de custo ou com taxas modestas. Como resultado, bilhões de pessoas amam nossos serviços e milhares de milhões de negócios confiam em nossas ferramentas.

Essa é a abordagem que queremos trazer para ajudar a construir o metaverso. Planejamos vender nossos dispositivos a preço de custo ou com subsídios para torná-los disponíveis para mais pessoas. Nós continuaremos a apoiar o carregamento lateral e a transmissão a partir de computadores para que as pessoas tenham escolha, em vez de forçá-las a utilizar a Quest Store para encontrar aplicativos e alcançar consumidores. E nós pretendemos oferecer serviços para desenvolvedores e criadores com taxas baixas no maior número de casos possível para que possamos maximizar a economia criativa. No entanto, precisamos ter certeza de que não perderemos muito dinheiro pelo caminho.

Nossa esperança é que na próxima década o metaverso alcance um bilhão de pessoas, movimente bilhões de dólares em comércio digital e gere trabalho para milhões de desenvolvedores e criadores.

Quem nós somos

Conforme embarcamos no próximo capítulo, pensei muito sobre o que isso significa para nossa empresa e identidade.

Somos uma empresa que foca em conectar pessoas. Embora a maioria das empresas foquem em como as pessoas interagem com tecnologia, nós sempre focamos em construir tecnologias para que as pessoas possam interagir umas com as outras.

Hoje somos vistos como uma empresa de redes sociais. O Facebook é um dos produtos tecnológicos mais usados da história do mundo. É uma marca icônica de rede social.

Construir aplicativos sociais sempre será importante para nós — e há muito mais para construir. Mas cada vez mais isso não é tudo o que fazemos. Em nosso DNA, construímos tecnologias para unir pessoas. O metaverso é a próxima fronteira em conectar pessoas, assim como eram as redes sociais quando começamos.

Nossa marca está tão conectada a um produto que não pode mais representar o que fazemos hoje, muito menos no futuro. Com o tempo, espero que sejamos vistos como uma empresa de metaverso, e quero ancorar nossa identidade e nosso trabalho no que estamos construindo.

Acabamos de anunciar que estamos fazendo uma mudança fundamental em nossa empresa. Agora estamos olhando e reportando nosso negócio em dois segmentos diferentes: um para nossa família de aplicativos e um para nossas futuras plataformas. Nosso trabalho no metaverso não é apenas um desses segmentos. Ele engloba tanto as experiências sociais quanto a tecnologia futura. Conforme ampliamos nossa visão, é hora de adotarmos uma nova marca.

Para refletir quem somos e o futuro que esperamos construir, orgulhosamente compartilho que nossa empresa agora é Meta.

Nossa missão permanece a mesma — ainda é sobre unir as pessoas. Nossos aplicativos e suas marcas também não estão mudando. Ainda somos a empresa que desenha tecnologias em torno das pessoas.

Mas todos os nossos produtos, incluindo nossos aplicativos, agora compartilham uma nova visão: ajudar o metaverso a se tornar realidade. E agora temos um nome que reflete a amplitude do que fazemos.

A partir de agora, priorizaremos o metaverso, não o Facebook. Isso significa que, com o tempo, você não precisará de uma conta do Facebook para usar nossos serviços. Assim que nossa marca começar a mostrar nossos produtos, eu espero que as pessoas ao redor do mundo conheçam a Meta e o futuro que queremos.

Eu costumava estudar Clássicos e a palavra "meta" vem do grego. Ela significa "além". Para mim, simboliza que sempre há mais para construir e sempre há um novo capítulo da história. Nossa história começou em um quarto e cresceu para além do que imaginávamos; em uma família de aplicativos que as pessoas usam para se conectar umas com as outras, para encontrar suas vozes e começar negócios, comunidades e movimentos que mudam o mundo.

> Estou orgulhoso do que construímos até agora e estou empolgado pelo que virá — assim que formos além do que é possível hoje, além dos limites das telas, além do limite das distâncias e do mundo físico, em direção a um futuro no qual todos podem estar presentes uns com os outros, criando oportunidades e experimentando novas coisas. É um futuro que está além de qualquer empresa e que será feito por todos nós.
>
> Construímos coisas que uniram as pessoas em novas formas. Aprendemos lutando contra questões sociais difíceis e vivendo sob plataformas fechadas. Agora é hora de pegar tudo o que aprendemos e ajudar a construir o próximo capítulo.
>
> Estou dedicando nossa energia a isso — mais do que qualquer empresa no mundo. Se esse é o futuro que você quer ver, espero que se una a nós. O futuro que irá além de qualquer coisa que podemos imaginar.

Entendendo que a carta é uma forma de publicizar a mudança, seu conteúdo usa uma linguagem que busca mostrar que a empresa está avançando, seguindo adiante, inovando, mas que também possui uma base consolidada até ali. A própria explicação a respeito do conceito de metaverso parece trazer esse intuito em uma tentativa de vender a ideia, mesmo que na prática não se saiba ainda como ela irá se concretizar para os usuários (existe um vídeo que busca explicar o metaverso, mas com os recursos tecnológicos a que as pessoas têm acesso em 2022 parece algo ainda muito distante da realidade). Aliás, é uma carta muito mais conceitual e de posicionamento do que de implementações práticas.

E um detalhe que chama a atenção é que isso é feito com Mark Zuckerberg se posicionando à frente da empresa. Ou seja, ele é a imagem personificada da empresa, assim como Bill Gates foi para a Microsoft e Steve Jobs para a Apple, em um movimento que reforça seu nome também como uma marca reconhecível aos usuários.

A carta de Zuckerberg parece investir na tentativa de suprimir as críticas quanto às políticas de dados e privacidade que fizeram com que ele fosse chamado pelo Congresso Nacional Americano, em 2018, para prestar depoimento e justificar as atitudes do Facebook sobre a coleta imprópria de dados de 50 milhões de usuários pela empresa

Cambridge Analytica[50]. Especula-se que a mudança do nome também é parte de uma estratégia de marketing para descolar esses acontecimentos da empresa, distanciando-se da trajetória sob o guarda-chuva do Facebook[51]. Apesar do distanciamento do nome, como já mencionado, Zuckerberg continua com sua imagem associada à empresa como o protagonista, a pessoa à frente dos negócios.

Com o trecho "Aprendemos lutando contra questões sociais difíceis e vivendo sob plataformas fechadas. Agora é hora de pegar tudo o que aprendemos e ajudar a construir o próximo capítulo" (KALUAN, 2022, *online*), há mais uma tentativa discursiva de provavelmente apontar que as falhas éticas, de transparência e comprometimento cometidas anteriormente e em prol dos algoritmos[52] foram reconhecidas e não se repetirão. Se isso realmente vai acontecer, só o tempo dirá.

Na prática, nos Termos de Uso (INSTAGRAM, 2022, *online*), até então, apenas algumas palavras mudaram após a alteração do nome. Reitero o "até então" porque esse é um documento *online* e pode ter sido alterado após essa análise. É importante ressaltar que, sendo o Instagram de propriedade da Meta, muitas vezes seus documentos se referem à Meta, e não ao Instagram. Apesar disso, muitos documentos estão hospedados em subpáginas do Facebook.

Já na política de dados (INSTAGRAM, 2022, *online*), foi adicionada à seção **Termos da Plataforma da Meta na Política de Dados**, que apresenta a seguinte observação:

> A empresa Facebook agora se chama Meta. Atualizamos nossos Termos da Plataforma para refletir o novo nome em 8 de fevereiro de 2022. Apesar dessa mudança, ainda oferecemos os mesmos produtos, inclusive o aplicativo Facebook forma Meta. Vale destacar que nossa Política de Dados e nossos Termos de Serviço continuam válidos e que a mudança de nome não afeta a forma como usamos ou compartilhamos dados. Saiba mais sobre a Meta e o que achamos do metaverso. Estes Termos da Plataforma da Meta e as Políticas do Desenvolvedor originalmente

---

[50] Para saber mais, ver a investigação do jornal britânico *The Guardian* sobre o assunto, disponível em: https://www.theguardian.com/news/series/cambridge-analytica-files.

[51] Mais informações em: https://www.seudinheiro.com/2021/bolsa-dolar/mudanca-de-nome-do-facebook-para-meta-e-cortina-de-fumaca-entenda/.

[52] Saiba mais em: https://nypost.com/2021/10/25/facebook-employees-flag-ethical-concerns-rip-zuckerberg/.

entraram em vigor em 31 de agosto de 2020. Eles substituíram a Política da Plataforma do Facebook, a Política da Plataforma do Instagram, os Termos Suplementares para Produtos da Plataforma Estendida e a Emenda de Provedor de Tecnologia aos Termos Suplementares anteriores. (META PLATFORMS, 2022, *online*).

Ao final da Política de Dados (INSTAGRAM, 2022, *online*), existe um adendo referente à Lei Geral de Proteção de Dados Pessoais do Brasil, que propõe como objetivo "proteger os direitos fundamentais de liberdade e de privacidade e o livre desenvolvimento da personalidade da pessoa natural" (BRASIL, 2022, *online*):

> **Aviso de Privacidade do Brasil**
> Esta seção se aplica a atividades de tratamento de dados pessoais de acordo com as leis brasileiras e complementa esta Política de Dados. De acordo com a Lei Geral de Proteção de Dados Pessoais do Brasil ("LGPD"), você tem o direito de acessar, retificar e apagar seus dados, além de autorizar nosso tratamento deles e solicitar sua portabilidade. Saiba mais sobre os seus direitos e veja como você pode exercê-los nas configurações do Facebook e nas do Instagram. Em determinadas circunstâncias, você também tem o direito de contestar e restringir o tratamento dos seus dados pessoais ou de revogar seu consentimento quando tratamos dados fornecidos com base nesse consentimento. Esta Política de Dados fornece informações sobre como compartilhamos dados com terceiros. Caso queira solicitar mais informações sobre as nossas práticas de dados, clique aqui para o Facebook ou aqui para o Instagram.
> O controlador de dados responsável por suas informações é a Meta Platforms, Inc. Entre em contato com o encarregado da proteção de dados da Meta Platforms, Inc. Você também tem o direito de peticionar à Autoridade Nacional de Proteção de Dados ("ANPD"). Para isso, entre em contato diretamente com ela.

Por mais que existam algumas personalizações possíveis de serem feitas nas configurações do Instagram, os dados continuam sendo de propriedade do Instagram — e, portanto, da Meta Platforms —, como deixa explícita a frase "O controlador de dados responsável por suas informações é a Meta Platforms, Inc." (INSTAGRAM, 2022, *online*). Caso haja a vontade e/ou a necessidade de modificação desse cenário, o movimento será do usuário em direção à Meta, ou à Autoridade Nacional de Proteção de Dados (ANPD), do governo federal, realizando uma petição para tal. Faço aqui um questionamento: quantas pessoas você conhece que fariam isso?

Os pontos descritos nessas políticas e termos — por mais que sejam muitas vezes ignorados pelo público, que só os aceita sem os ler — podem causar um impacto na memória. Portanto, aprofundarei essa relação para sugerir alguns pontos de reflexão.

3.4 AS ESTRUTURAS (IN)VISÍVEIS DO INSTAGRAM E A MEMÓRIA

Considerando a memória como um processo que transita entre o individual e o coletivo, em uma relação de lembrança e esquecimento, olhar para a plataforma Instagram para correlacionar suas políticas a um possível impacto à memória pode ser um tanto alarmante. A política de dados aponta como a plataforma direciona seus esforços para práticas mercadológicas que podem influenciar o modo como as pessoas interagem entre elas e como criam seus objetos digitais.

Nesse mecanismo que engendra a plataforma, é possível inferir que existe um direcionamento do que é visto pelo usuário para corresponder às suas preferências, a chamada "bolha". Nessa "bolha", o usuário é direcionado, por meio de algoritmos, como vimos anteriormente, para consumir um conteúdo que se enquadra naquilo que vai fazê-lo acessar mais a plataforma, ficar satisfeito com ela e, através dela, adquirir produtos e serviços.

Esse último ponto pode ocorrer a partir de uma recente funcionalidade oferecida pela plataforma que permite a compra dentro do aplicativo. Por meio do mapeamento do seu perfil, das suas preferências, dos lugares que visita e das suas interações, conforme visto na Política de Dados, a plataforma cria agrupamentos de usuários por segmentação de perfil e preferências. Dessa maneira, um anunciante pode direcionar sua propaganda escolhendo as características do seu público-alvo.

Mas qual a relação disso com a memória? Halbwachs (2006) afirma que é a partir do grupo que nos lembramos. Se olharmos para o Instagram e para o direcionamento induzido de objetos digitais, esse grupo seria formado artificialmente. É evidente que muito acontece a partir dos laços feitos *offline*, mas o fato é que a "bolha", por mais que responda aos padrões de comportamento, direciona a interação com determinados objetos digitais.

O algoritmo escolhe, muitas vezes, por nós. Quanto mais interesse o usuário mostra a respeito de determinada pessoa ou assunto, mais ele verá disso e, consequentemente, o que será lembrado dessa rede pelo usuário seguirá um percurso potencialmente artificial. O que pode reduzir a fronteira da sua visão de mundo e suas experiências dentro do Instagram, em uma espécie de seleção memorial[53]. Ou seja, lembrar a partir do que foi selecionado pela plataforma. Como diria Pierre Nora (1993, p. 9):

> A memória é a vida, sempre carregada por grupos vivos e, nesse sentido, ela está em permanente evolução, aberta à dialética da lembrança e do esquecimento, inconsciente de suas deformações sucessivas, vulnerável a todos os usos e manipulações, suscetível de longas latências e de repentinas revitalizações.

Um outro ponto a ser considerado é a memória do corpo. A própria criação de movimentos dos dedos para controlar a plataforma adiciona à memória novos gestos. Há dez anos, para ampliar uma imagem no celular, era necessário clicar em uma lupa com o sinal de mais (+). Hoje em dia, o gesto para ampliar uma foto no *smartphone* é feito com os dedos polegar e indicador unidos para, depois, entrarem em um movimento de expansão, modificando a experiência do usuário.

É possível relacionar essas ações motoras, aprendidas com o tempo e com o uso, com a memória-hábito de Henri Bergson (2010), que é automatizada na repetição de um mesmo movimento, de um mesmo esforço. De acordo com o autor, a memória-hábito acontece no presente, considera somente o futuro e guarda o passado na forma de uma encenação. É uma memória vivida, que repete; diferente da memória pura, que imagina. A memória-hábito só retém

> [...] os movimentos inteligentemente coordenados que representam seu esforço acumulado; ela reencontra

---

[53] Se nos voltarmos ao ecossistema de plataformas como um microcosmo, poderíamos pensar em uma "memória enquadrada", termo que Michael Pollak (1989) explora em "Memória, Esquecimento, Silêncio". Mas, como o termo se aplica em relação a uma historiografia, uma memória em disputa e uma memória subterrânea, nos pareceu leviano nos aproximarmos, dessa forma, desse conceito.

> esses esforços passados, não em imagens-lembranças que os recordam, mas na ordem rigorosa e no caráter sistemático com que os movimentos atuais se efetuam (BERGSON, 2010, p. 89).

Além da naturalização de novos movimentos, não se pode deixar de considerar os algoritmos e todas as informações coletadas na plataforma como uma maneira de controlar também a maneira pela qual nos relacionamos com as outras pessoas, dentro e fora do Instagram. Quanto mais vemos a mesma pessoa e suas publicações no Instagram, sendo esse foco direcionado pelo algoritmo, e se temos apreço por ela, maiores são as possibilidades de interação e da criação de uma memória fortalecida pelo afeto.

O caso contrário também pode trazer uma reflexão. Por exemplo, uma pessoa que o usuário segue, mas não o segue de volta. Se não existe uma bidirecionalidade, se as interações entre eles são diferentes, o ato de lembrar a partir do Instagram se torna unilateral. É uma memória fragmentada, exclusiva ao indivíduo que segue, já que não há uma relação através da plataforma.

Afetos, desafetos, relacionamentos, interações, *likes*, lembranças viram *commodities* ao serem transformados em dados para abastecer a plataforma. Se "quem" e "o que" queremos ver e interagir aparecem mais, mais acessamos a plataforma e as ações realizadas dentro dela viram moeda de troca comercial.

Moeda essa que pode extrapolar o *online* e ir para o *offline*, à medida que outros dispositivos, antes considerados analógicos, como geladeiras, relógios e calçados, passam a receber e a produzir dados. Curtir a foto de um iogurte pode fazer com que a geladeira sugira a compra ou ofereça ofertas desse iogurte no supermercado onde se costuma ir.

São muitos os dados e informações, de valor tangível e intangível, que os usuários estão confiando ao Instagram e, consequentemente, ao Facebook. Uma vez que no coração das informações há uma sutileza que pode conter sentimentos, gostos e intenções por parte do usuário e que aquilo que o usuário produz pode ser cruzado com os dados coletados a partir de outros dispositivos, mais direcionado (e acertado) é o que a plataforma oferece para o usuário consumir. Entre consumidores e consumidos, o ciclo se retroalimenta em uma arena que tenta se autoproteger por meio das políticas de dados e dos termos de uso.

Mas, para além do consumo, existem iniciativas que intentam transformar a profusão de dados e informações compartilhadas para gerar resultados para a sociedade. Um exemplo é a obra *Good Data* (2019), editada por Angela Daly, S. Kate Devitt e Monique Mann, que busca iniciar uma discussão interdisciplinar sobre as possibilidades de lidar com os dados de forma ética e justa, tanto para a economia quanto para a sociedade. Para esclarecer o que seria o correto uso dos dados, o livro apresenta um manifesto, como mostra o quadro a seguir.

Quadro 2 – Manifesto *Good Data*

Dados bons são...	Considerações	Perguntas a serem feitas
Usáveis: adequados à finalidade	3.1.1 Bem descritos 3.1.2 Incluem incertezas/limitações 3.1.3 São legíveis 3.1.4 Encontráveis, acessíveis, interoperáveis[54], reusáveis (no original, fair) 3.1.5 Reproduzíveis 3.1.6 Maturados 3.1.7 Apropriadamente licenciados	- O propósito do conjunto de dados está bem definido? - São esses os melhores dados para a tarefa? - Os dados estão bem descritos, incluindo limitações e incertezas? - O conjunto de dados é encontrável, acessível, interoperável e reusável? - Os dados são reproduzíveis? - O método pelo qual foram produzidos dados abertos também é aberto?
Coletados em relação a...	3.2.1 Seres humanos e seus direitos 3.2.2 O mundo natural	- Os dados foram colhidos/produzidos para este propósito, não acidentalmente?

---

[54] A interoperabilidade acontece com "diferentes sistemas operacionais ou plataformas trabalhando de maneira conjunta apesar das diferenças existentes entre elas" (PASSOS, 2020, *online*).

Dados bons são...	Considerações	Perguntas a serem feitas
Publicados	3.3.1 No que diz respeito à abertura 3.3.2 Mantendo a privacidade 3.3.3 Portando a licença de proprietário	- O conjunto de dados foi publicado tendo um DOI e uma versão? - Os dados possuem uma licença apropriada?
Revisados	3.4.1 Pessoal: possibilidades de a pessoa sair/entrar 3.4.2 Precisão a longo prazo: os dados podem mudar ao longo do tempo 3.4.3 Versões antigas dos dados podem ser descontinuadas	- Para dados relacionados a humanos, estes podem realmente sair? - Os dados dependem do tempo?
Formam um capital social útil	3.5 Valioso para a sociedade, fair, persistente, aberto, disponível para uso ético	- Consideramos a ética em torno dos dados?

Fonte: STEER; TRENHAM, 2019, p. 37, tradução nossa

Resumidamente, de acordo com Adam Steer e Claire Trenham (2019), bons dados devem estar alinhados às necessidades dos consumidores e dos produtores de dados, devem ser planejados, transparentes, ter a descrição de como foram criados, devem ter a data de quando os dados originais foram coletados, precisam ser escritos em formatos abertos, devem ser encontráveis, acessíveis, interoperáveis, reusáveis.

Além disso, bons dados devem ser reproduzíveis, lançados aos consumidores primários assim que possível, precisam ser relevantes, ter uma licença apropriada ao uso (como uma licença *Creative Commons*[55], de uso livre), devem ser coletados respeitando os direitos dos seres humanos e da natureza (no monitoramento de espécies ameaçadas de extinção, por exemplo, como citam os autores).

Por fim, devem estar publicados, preferencialmente com acesso aberto, devem ser constantemente revisados (pois possuem data de expiração), devem permitir a fácil saída do usuário (por exemplo, quando se quer cancelar o recebimento de e-mails de determinada empresa) e devem ser confiáveis, permitindo a cooperação social.

---
[55] Para saber mais: https://br.creativecommons.org/.

A não ser como um exercício de imaginação, é difícil inferir qual a efetiva influência desses tópicos (se passaremos a ter mais *good data*) e consequências (boas e/ou ruins) futuras na área da memória. Além dos algoritmos, *big data* e Política de Dados, outros elementos se conjugam para uma experiência de uso dos objetos digitais. No próximo capítulo, apresento um outro elemento expressivo na relação humana com os objetos digitais: a temporalidade.

4

AS DIFERENTES TEMPORALIDADES DOS OBJETOS DIGITAIS NO INSTAGRAM

Seja um tempo cíclico ou linear, observado pela humanidade pelo sol ou pelo relógio, diferentes tempos criam diferentes memórias, sejam os tempos pessoais (fases de uma vida, por exemplo), sejam os tempos institucionais e sócio-históricos. A memória e sua relação temporal estão em direta conexão com o que se quer lembrar, esquecer, apagar ou arquivar. De acordo com Krzysztof Pomian (1993, p. 20), no verbete *Tempo/Temporalidade*, existem diferentes maneiras de dividir o tempo, como, por exemplo:

> Tempos individuais: biológico e psicológico; tempos coletivos: solar, religioso, político; tempo físico. Ou, doutro ponto de vista: tempos da natureza (biológico e físico), tempos da sociedade (todos os outros). Ou ainda: tempos qualitativos, tempos quantitativos, enquanto o tempo político participa dos dois.

Quando se trata de objetos digitais no Instagram, proponho uma divisão em três instâncias temporais relacionadas à experiência com o tempo. A primeira é a da divisão matemática e ocidental do tempo, das datas, das horas, dos minutos e dos segundos, que vou chamar de *tempo cronológico*. A segunda, o *tempo dos objetos digitais*, relacionada ao apagamento ou arquivamento dos objetos digitais. E a terceira, o *tempo vivenciado*, da vivência dos indivíduos ao experienciar o tempo em conjunto com a memória.

4.1 O TEMPO CRONOLÓGICO

> Eu não preciso mais me lembrar em qual final de semana o horário muda. Um objeto faz isso por mim (BIRTH, 2012, p. 1, tradução nossa)[56].

Como constata Kevin Birth, os objetos nos lembram em quais dias, meses e ano estamos, que horas são, com minutos e segundos. Segundo o autor, somos tão dependentes dos objetos que medem o tempo que não imaginamos sociedades que não possuíam ou possuam tal recurso. O Instagram parece captar essa dependência ao inserir recursos para que estejamos situados no tempo, nos fixando temporalmente dentro de um fluxo informacional constante.

Nessa primeira instância a ser tratada, o *tempo cronológico*, a plataforma apresenta marcações e funcionalidades que sinalizam os objetos digitais, colocando-os dentro de uma trajetória temporal. Esta pode seguir uma linearidade dentro do perfil que ordena as fotografias e vídeos. No *feed*, por mais que exista essa marcação temporal, as publicações que aparecem não seguem essa ordem.

Como mostra a Figura 19, nas postagens do Instagram aparece a data de publicação da foto ou vídeo no perfil do usuário:

---

[56] "I no longer need to remember which weekend the time changes. An object does it for me" (BIRTH, 2012, p. 1).

Figura 19 – Data de publicação em postagem

Fonte: intervenção da autora em INSTAGRAM, 2019, *online*

    Além disso, o Instagram possui um mecanismo de ativação que mostra publicações que o usuário postou naquele dia em outros anos e que podem ser acessadas na seção *Atividades*, dentro das notificações. É a plataforma não somente nos mostrando publicações sobre o tempo passado, mas também funcionando como um suporte de lembrança, como mostra a Figura 20. Esse recurso, por enquanto, não se aplica às *histórias*.

Figura 20 – Aviso sobre publicação antiga

Fonte: intervenção da autora em INSTAGRAM, 2019, *online*

Ao clicar, o usuário acessa essa publicação "colada" a uma base pronta para ser compartilhada por meio das *histórias*, com o formato horizontal de origem por cima de outro, vertical. Após a publicação dessa *história*, é possível clicar em cima da área quadrada e acessar a publicação no perfil do usuário, como mostra a área laranja na figura 21:

Figura 21 – Novo formato de *post* antigo para publicação

Fonte: intervenção da autora em INSTAGRAM, 2019, *online*

    O nome da funcionalidade já remete ao ato de lembrar, em um gatilho automatizado pela plataforma e mediado por objetos digitais entrepostos de modo a formar um novo objeto digital. Atribuo a essa funcionalidade o conceito de *mediated memories*,[57] de José Van Dijck (2007). De acordo com a autora, as memórias mediadas são objetos e atividades criados e apropriados através das mídias digitais — fotos, vídeos, sons, textos — "[…] criando e recriando uma sensação de passado, presente e futuro de nós mesmos em relação aos outros" (VAN DIJCK, 2007, p. 21, tradução nossa)[58].

---

[57] "Memórias mediadas" (VAN DIJCK, 2007, tradução nossa).
[58] "[…] creating and re-creating a sense of past, present, and future of ourselves in relation to others" (VAN DIJCK, 2007, p. 21).

Van Dijck (2007) também afirma que as memórias mediadas são mais do que um reservatório de memórias, pois, além de mediadores entre as pessoas, permitem a comunicação entre os interlocutores e fornecem significado e direcionamento ao passado. A partir desse objeto digital que retrata o passado ao ser publicado novamente na seção *histórias*, é aberto um canal de potencial interatividade seja por meio de reações predeterminadas pela plataforma, de fotografias/vídeos como resposta, seja por mensagens.

Figura 22 – Reações pré-programadas, envio de fotografia, vídeo ou mensagem

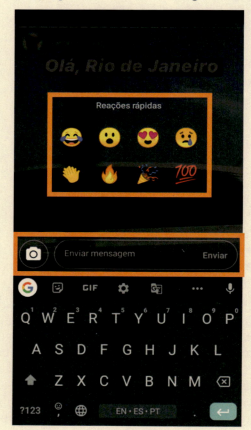

Fonte: intervenção da autora em INSTAGRAM, 2019, *online*

Além de data e horário, nas *histórias*, é possível inserir uma espécie de selo com uma contagem regressiva que, se assim desejado, poderá ser acompanhada por seus seguidores, conforme mostra a Figura 23:

Figura 23 – Contagem regressiva nas *histórias*

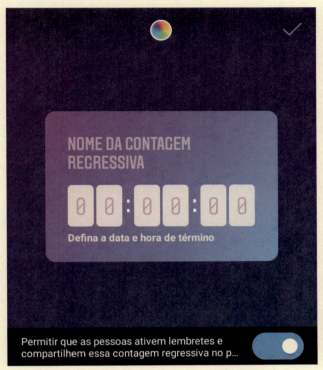

Fonte: INSTAGRAM, 2019, *online*

Nos recursos que a plataforma oferece, se encontra uma segunda temporalidade, o tempo dos objetos digitais.

4.2 O TEMPO DOS OBJETOS DIGITAIS

A segunda instância, o *tempo dos objetos digitais*, age dentro da lógica do tempo cronológico, mas está associada à visualização e ao arquivamento das publicações na plataforma. Existem dois olhares para o arquivamento no Instagram, um pela perspectiva da plataforma e outro pela do usuário. Do ponto de vista da plataforma, o que se sabe é o que a empresa divulga.

Conforme explica Cade Metz (2014, *online*) em artigo na revista *Wired*, o Instagram mantinha seus arquivos em um serviço de hospedagem na nuvem da Amazon, até que, em 2012, foi adquirido pelo Facebook. Assim, teve seus arquivos transferidos para o servidor do próprio Facebook em 2014. Segundo a Política de Dados (INSTAGRAM, 2019, *online*) — explanada no ponto 3.2 —, o Facebook armazena os dados do usuário pelo tempo que considerar necessário ou até o usuário deletar sua conta.

Nessa política, oferece como exemplo o histórico de busca nas plataformas da empresa, que, mesmo ao ser deletado pelo usuário, permanece por seis meses armazenado pelo Facebook. Caso o usuário deseje que esse histórico seja excluído, precisa enviar um documento de identificação para que esses dados sejam deletados 30 dias após a solicitação. Como no âmbito da empresa é difícil ir além do que ela divulga em seus termos e políticas, o foco se volta para o arquivamento dos objetos digitais pelos usuários.

Foi visto anteriormente que existem partes fixas e voláteis no Instagram. As partes fixas denotam a estrutura e o mecanismo da plataforma. Já as partes voláteis correspondem à criação que se origina no usuário, e cada uma dessas criações tem um tempo de visualização e de arquivamento diferentes.

O tempo de visualização dos objetos digitais é equivalente ao tipo de publicação, tendo aqui o ponto de vista dos usuários externos, ou seja, aqueles que visualizam e interagem com os objetos digitais — considerando que estes ou têm a permissão para seguir o perfil ou têm o perfil aberto a todos. Na Figura 24, é possível ver a correspondência entre tempo e funcionalidade nas quatro principais áreas de publicação: ao vivo, *histórias*, IGTV e *feed*/perfil.

Como já está implícito no nome, o *ao vivo* (*lives*), em 2019/2020, é um vídeo feito em tempo real e que pode ter até uma hora de duração. O vídeo pode ser salvo no telefone ao final da transmissão, mas comentários, *likes* e visualizações não são armazenados. Ao final das transmissões ao vivo (*lives*), o tempo de exposição desse objeto digital pode ser prolongado quando republicado nas *histórias*. A partir disso, elas assumem a lógica das *histórias*, que podem ser visualizadas por até

24 horas. Aqui pode ocorrer o prolongamento do tempo de visualização quando o objeto digital das *histórias* passa a ser destaque dentro do perfil do usuário. Nesse caso, ele tem sua visualização por tempo indeterminado, assim como os objetos digitais inseridos no *feed* (que aparecem no perfil) e os vídeos do IGTV.

Figura 24 – Tempo *versus* funcionalidade dos objetos digitais no Instagram

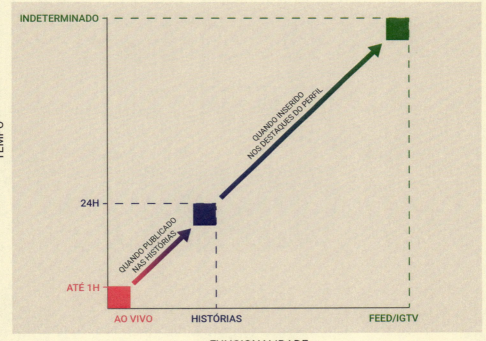

Fonte: DAMIN, 2020, p. 82

A indeterminação do tempo dos objetos digitais *no feed*/perfil e no IGTV está sujeita ao arquivamento desses objetos por parte do usuário ou ao encerramento, tanto do perfil quanto da própria plataforma. Internamente, sob a perspectiva de quem administra o perfil, o prolongamento do tempo que acontece quando as *histórias* são passadas para os destaques no perfil acontece em um espaço denominado *arquivo morto*.

Contrariando o caráter temporário das *histórias*, o Instagram adicionou, em abril de 2017 (INSTAGRAM, 2018), uma funcionalidade que permite aos usuários o armazenamento e a criação de coleções visíveis na página do perfil. Assim, o usuário que administra o perfil pode selecionar, entre as *histórias* armazenadas no arquivo morto, quais delas irá agrupar para formar uma coleção, em uma espécie de curadoria pessoal, como mostra a Figura 25.

Figura 25 – Coleções em destaque no Instagram

Fonte: intervenção da autora em INSTAGRAM, 2018, *online*

A expressão *arquivo morto* é encontrada nos estudos de arquivística em Theodore Schellenberg (1973), que apresenta a teoria das três idades, composta por arquivos correntes, intermediários e permanentes. O primeiro tipo de arquivos compreende aqueles que podem ser descartados de imediato, pois não têm valor administrativo, histórico ou legal. O segundo tipo, os arquivos intermediários, passam por uma avaliação administrativa antes do descarte ou do armazenamento. Por fim, o terceiro tipo inclui os arquivos permanentes, que, em sua maioria, possuem fundo histórico e valor de pesquisa. O arquivo morto é uma expressão em desuso e faz referência a esse último, o arquivo permanente, e que entendo ser constituído por restos de memória eclodidas somente quando há o interesse de pesquisa. Outra forma de colecionar os objetos digitais no Instagram é por meio da ferramenta de salvar a publicação, conforme mostra o destaque na Figura 26:

Figura 26 – Botão para salvar a publicação

Fonte: intervenção da autora em INSTAGRAM, 2019, *online*

     Jean Baudrillard afirma que há uma projeção narcisista nos inúmeros objetos da coleção, em uma "totalização de imagens de si [...] pois colecionamos sempre a nós mesmos" (BAUDRILLARD, 2015, p. 99). Isso não poderia ser mais literal, uma vez que muitas das imagens publicadas são fotos e vídeos da própria pessoa. Para o autor, quando não se atribui mais funcionalidade ao objeto e entra em cena um estatuto subjetivo, sendo qualificado pelo indivíduo que busca se apropriar dele em uma "abstração apaixonada" (BAUDRILLARD, 2015, p. 94), ele se torna um objeto de coleção.

     Segundo Leila Ribeiro (2018), quando aos olhos do colecionador o objeto perde seu valor utilitário para agregar um valor simbólico (estendendo a outros que se assemelham ou estão na mesma categoria), ele passa a considerá-lo de natureza extraordinária. De acordo com a autora, é o colecionador que atribui valores às coleções, sendo elas representações de memória, podendo se estender e estar "atrelados às construções coletivas retomando a lembrança de todo um grupo social, e refletindo os valores das sociedades do período" (RIBEIRO, 2018, p. 6). A fala de Pomian exemplifica isso quando o autor, ao tratar de objetos de culto, dirá que os objetos dessa coleção são

> [...] intermediários entre os espectadores e o invisível: as estátuas representam os deuses e os antepassados; os quadros, as cenas da vida dos imortais ou os acontecimentos históricos; as pedras, a potência e a beleza da natureza etc. (POMIAN, 1984, p. 65).

Nessa mesma linha de pensamento, Baudrillard afirma que o objeto da coleção possui uma singularidade absoluta, sendo que essa unicidade — bem como seu valor de troca — só poderá ser provada por meio da subjetividade conforme o domínio social e cultural. A singularidade absoluta estaria vinculada ao sujeito que possui o objeto, um "ser absolutamente singular" (BAUDRILLARD, 2015, p. 98) e que se reconhece nesse objeto.

O objeto é, portanto, sacralizado ao fazer parte de uma coleção. Segundo Walter Benjamin, "colecionar é uma forma de recordação prática e de todas as manifestações profanas da 'proximidade', a mais resumida" (BENJAMIN, 2006, p. 239). A "presença" (BAUDRILLARD, 2015) desse objeto sagrado dentro de uma provável profanidade da vida comum tem o valor afetivo ressignificado e, muitas vezes, amplia seu valor financeiro quando se torna veículo de lembranças importantes

Para além do arquivamento, nas *histórias*, existem algumas funcionalidades dentro de sua construção que fazem com que o vídeo realize ações de mudança na velocidade do motivo filmado, aparentemente acelerando ou desacelerando o tempo. Uma delas se chama Cenas e funciona de forma semelhante ao aplicativo TikTok, antigo Musical. ly, que fechou 2019 como o quarto aplicativo com mais *downloads* no mundo, deixando o Instagram em quinto lugar (SÁ, *online*, 2020).

Nele, o usuário controla o aumento ou a redução da velocidade do vídeo, que pode vir acompanhado de uma música. Outra funcionalidade dentro das *histórias* é o *Boomerang*. Com ela o usuário cria um efeito de *looping* de movimento, o que considero uma contração temporal em que o movimento, quando termina, recomeça. As imagens no formato GIF, animações a partir de quadros de fotos ou vídeos, seguem a mesma lógica de movimento sem fim.

Aline Magalhães afirma que entender os artefatos, que são parte inerente da vida humana, "é entender como a vida humana em coletividade formula demandas, resolve tais demandas e aprende com o processo" (MAGALHÃES, 2005, p. 155). Para aprofundar esse entendimento, ampliarei a discussão ao terceiro tempo, o *tempo vivenciado*.

4.3 O TEMPO VIVENCIADO

No Instagram, o tempo vivenciado circula pelo tempo cronológico e pelo tempo dos objetos digitais, mas confere a si uma outra dinâmica, encadeada pela memória, pela vivência e pelos afetos.

O tempo da urgência é diferente do tempo do tédio. O tempo da curtida que nunca chega, das expectativas e vontades, é diferente do tempo da mensagem indesejada, que invade e perturba. A sensação do tempo vivenciado não é medida no relógio, mas certamente é por ele afetada.

Norbert Elias, em sua obra *Sobre o tempo* (1998), diz que uma das manifestações que o ser humano é capaz de sintetizar é a presentificação do que não está, de fato, presente no aqui e agora. O autor exemplifica que não teria utilidade afirmar que são quatro horas sem o entendimento de que depois são seis e antes eram duas horas, tornando fundamental a compreensão do antes e do depois:

> De fato, uma das chaves essenciais para resolver os problemas suscitados pelo tempo e por sua determinação é a capacidade, característica da espécie humana, de apreender num relance e, por isso mesmo, ligar numa mesma sequência contínua de acontecimentos, aquilo que sucede "mais cedo" e o que sucede "mais tarde", o "antes" e o "depois". A memória desempenha um papel decisivo nesse tipo de representação, que enxerga em conjunto aquilo que não se produz num mesmo momento (ELIAS, 1998, p. 61).

O autor diferencia os conceitos da categoria ano, data, mês e hora, por exemplo, com os conceitos de presente, passado e futuro. Para ele, o primeiro grupo de conceitos não insere a experiência humana, diferente do segundo grupo, que, além de a inserir, evolui de acordo com as gerações e "representam [...] a presença simultânea dessas três dimensões do tempo na experiência humana" (ELIAS, 1998, p. 63).

A memória é, portanto, um importante componente na relação dos seres humanos com o tempo. Entre as teorias mais abordadas, há uma vertente delineada por Henri Bergson, que situa seus estudos no âmbito da memória individual, e outra por Maurice Halbwachs[59], que trata da memória coletiva.

Tratarei de ambas as visões, a seguir, voltando o enfoque para a questão do tempo.

4.3.1 Henri Bergson e o tempo na memória individual

Henri Bergson olha para a memória sob a perspectiva individual, entendendo que há, no presente, a evocação de uma imagem-lembrança, reduzida, como parte da memória. Antes de abordar a imagem-lembrança, é importante destacar que o autor equivale a imagem à matéria e à luz, afirmando que, por meio da percepção, "recortamos" as imagens que nos interessam.

Assim, focamos a imagem percebida dentro de uma totalidade de imagens recebidas, sendo que a luz que sai da matéria sobressai a imagem percebida, em um jogo de luz e sombras. Para Bergson (2010, p. 31), "por mais breve que se suponha uma percepção, com efeito, ela ocupa sempre uma certa duração, e exige, consequentemente, um esforço da memória, que prolonga, uns nos outros, uma pluralidade de momentos". Por exemplo, quando estamos atravessando uma rua e vemos um carro em velocidade vindo em nossa direção, nossa percepção se volta para esse carro. Ela recorta essa imagem percebida e reagimos voltando para a calçada. Se não conhecêssemos automóveis, nossas lembranças não remeteriam à ideia de carro, nossa percepção não ficaria tão focada nessa imagem e, consequentemente, poderíamos não reconhecer a existência do perigo.

O conceito de duração é um dos mais conhecidos de Bergson e foi exposto de forma a não apresentar uma elaboração definitiva e fechada, pois o autor "considerava que era preciso captá-la em experiências concretas e descrevê-la mediante raciocínios breves, que fun-

---

[59] Halbwachs, nascido em 1877 e morto em 1945 em um campo de concentração na Alemanha, foi um sociólogo francês discípulo de Durkheim. Seu encontro com Bergson (1859-1941) se deu na École Normale Supérieure, em Paris, onde Bergson foi seu professor de Filosofia. Nas obras *A memória coletiva* (2006) e *Les cadres sociaux de la mémoire* (2013), Halbwachs busca contrapor o pensamento de Bergson. Em uma carta, a mãe de Halbwachs se diz emocionada ao ler *Les cadres sociaux de la mémoire* (2013) por ele estar próximo de Bergson, que ela denomina como "demônio familiar da juventude" (HALBWACHS, 2006, 2013; GALLEGO, 2017).

cionavam quase como iluminações" (GALLEGO; VELOSA, 2017, p. 10). Mesmo assim, é possível elucidar alguns pontos referentes à duração.

Para Bergson, o avanço contínuo de um passado que cresce e se conserva automaticamente é a duração (2010). Esta se apresenta devido a uma natureza do tempo, que é criadora e acumuladora. Gilles Deleuze, em *Bergsonismo* (1999, p. 43, 44), afirma que "duração é memória, consciência, liberdade" e mostra a existência do movimento de um presente (que dura) ao se dividir, sendo uma duração "orientada e dilatada em direção ao passado" (memória-lembrança) e a outra, "contraída, contraindo-se em direção ao futuro" (memória-contração).

Bergson representa, por meio da ilustração de um cone, como a memória se articula em um duplo fluxo, que não se congela nas extremidades.

> Se eu representar por um cone SAB a totalidade das lembranças acumuladas em minha memória, a base AB, assentada no passado, permanece imóvel, enquanto o vértice S, que figura a todo momento meu presente, avança sem cessar, e sem cessar também toca o plano móvel P de minha representação atual do universo. Em S concentra-se a imagem do corpo; e, fazendo parte do plano P, essa imagem limita-se a receber e a desenvolver as ações emanadas de todas as imagens de que se compõe o plano (2010, p. 179).

Dessa forma, conforme aponta a Figura 27, AB representa a memória pura, as lembranças em sua totalidade, um passado passivo, inconsciente, uma memória virtual, o "ter sido". O sonho, segundo Bergson, é a fase mais próxima do inconsciente e, portanto, da fase AB. Já A'B' e A"B" são as lembranças enquanto potência virtual. O S é a união entre o passado e o presente e se encontra de forma consciente, ativa e em movimento, é o "sendo", onde as imagens-movimento são evocadas e os hábitos estão imbricados.

É quando "a lembrança assim reduzida se encaixa tão bem na percepção presente que não se saberia dizer onde termina a percepção e onde começa a lembrança" (BERGSON, 2011, p. 59). É onde o passado se contrai no presente, em uma memória-contração, atualizando o passado no presente porque o presente já é passado. O processo de criação das imagens no Instagram se encontraria nessa atualização. O P representa o plano do presente.

Figura 27 – Cone da memória segundo Bergson

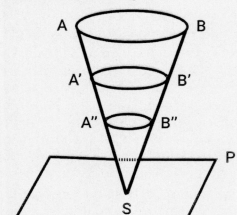

Fonte: a autora; com base em BERGSON, 2010, p. 190

Cada passado vivido estaria, portanto, atravessado por todo o passado. Cada temporalidade se misturaria entre si e estaria interpenetrada entre si. Ou seja, a lembrança da infância estaria interpenetrada na adolescência, no adulto, no ontem e no amanhã, enquanto potência virtual de lembrança. E é nesse algo vivido que a duração transparece, como apresenta Bergson no exemplo da água com açúcar. Não é o tempo matemático que o açúcar leva para dissolver na água que equivale à espera, mas aquele que Bergson diz coincidir "com minha impaciência, isto é, com uma certa porção de minha própria duração, que não pode ser prolongada ou encurtada à vontade" (BERGSON, 2005, p. 10). Em breve, discutirei o tempo vivido e sua relação com os objetos digitais no Instagram.

4.3.2 Maurice Halbwachs e o tempo na memória coletiva

Para compreender a perspectiva de tempo por Maurice Halbwachs, é necessário, primeiro, abordar seu entendimento de memória. Em uma visão sociológica da memória, Halbwachs (2006) a entende como algo que deve sua sobrevivência a um corpo social e coletivo. Cada pessoa participa de diferentes grupos e é a partir deles que as lembranças despontam.

Segundo o autor, mesmo quando estamos sós, os testemunhos das pessoas dos grupos que fazemos parte nos invade em lembranças que se adaptam e que trabalham em conjunto com a percepção do presente. Enquanto houver contato com o grupo, as lembranças em comum, o que o outro lembra e relata, vivificam a memória. Do contrário, as lembranças vão enfraquecendo com o tempo. Halbwachs é conhecido por cunhar o termo memória coletiva[60], entendendo a memória como um fenômeno social.

Seguindo o percurso de Émile Durkheim, Halbwachs traz a ideia deste de que existe um acordo através da vida em sociedade que aceita e conhece as convenções sobre tempos e durações. Halbwachs traz também o conceito de duração ao afirmar que

> [...] todo ser dotado de consciência teria a sensação da duração, pois nele se sucedem estados diferentes. A duração nada mais seria do que a sequência desses estados, a corrente que parece passar através deles, sob eles, despertando um após o outro. Nesse sentido, cada pessoa teria sua própria duração; este seria realmente um dos dados primitivos da consciência, que conhecemos diretamente e cuja noção não precisa penetrar em nós de fora (HALBWACHS, 2006, p. 115).

Cabe aqui observar que, apesar de Halbwachs trazer a ideia de duração de Bergson em seu trabalho, seu foco de discussão está na memória fora do indivíduo, ou seja, na memória social. Halbwachs, inclusive, observa que, quando há o encontro com o outro, ocorrem recortes nas durações e consciências individuais que se estendem às consciências e durações das outras pessoas, em um tipo de "envoltório comum das durações vividas" (HALBWACHS, 2006, p. 116).

O autor exemplifica dizendo que é como se fosse uma corrente, na qual, ao arrastar um elo, se arrasta a corrente como um todo, e ressalta: "é justamente essa continuidade que explica que uns lembrem os outros, os que os precederam ou seguiram" (HALBWACHS, 2006, p. 120). A memória individual estaria, para ele, contida na memória coletiva, sendo constituída por "quadros" advindos do meio social, como defende em sua obra *Les cadres sociaux de la mémoire* (2013).

---

[60] A distinção entre memória social e memória coletiva é ponto de discussão de diversos autores. Jô Gondar (2008), em seu artigo "Memória individual, memória coletiva, memória social", aprofunda o tema e articula diferentes perspectivas sobre esses três conceitos.

Assim, diferente de Elias (1998) — que não considera os conceitos cronológicos e matemáticos do tempo (como data, hora e mês, por exemplo) inseridos na experiência humana —, Halbwachs (2006, p. 113, 114) afirma que a sociedade não só se ajusta às convenções, mas as sobrepõe com "as condições e hábitos de grupos concretos". Halbwachs aponta para uma uniformidade na divisão do tempo, que pesa sobre os indivíduos: "o que há de mais complicado nisso talvez seja o fato de me sentir eternamente forçado a considerar a vida e os acontecimentos que a preenchem sob o aspecto da medida" (2006, p. 114, 115).

Halbwachs defende a existência de uma representação coletiva do tempo. Dessa forma, se um indivíduo quisesse modificar as convenções temporais, teria que entrar em ressonância com outras pessoas, compreendendo a existência de uma relação de simultaneidade e regularidade percebida pelo grupo social. E é essa relação de simultaneidade que, segundo ele, faz descartar a ideia de durações individuais.

O autor acrescenta que existe uma tendência de pensamento que é coletivo, e um tempo também coletivo, na contramão da duração individual. Salienta que existem lugares e povos que não funcionam sob as mesmas convenções do mundo ocidental e ressalta que "é preciso distinguir o número de tempos coletivos tantos quantos forem os grupos separados" (HALBWACHS, 2006, p. 133), mas que também é importante reconhecer a existência de uma consciência coletiva.

Por esse caminho, Halbwachs afirma que o tempo não é único e universal, mas se pulveriza em diferentes tempos de acordo com cada grupo e seus componentes. Esses tempos vivem lado a lado, em múltiplos grupos, numa mesma sociedade e, "[...] mais ou menos vastos, permitem que a memória retroceda mais ou menos longe do que se convencionou chamar de passado" (HALBWACHS, 2006, p. 153).

Assim, o tempo abarcado pela memória se alonga à medida que o grupo não mude e, quando isso acontece, por mais que um novo tempo se inicie e se afaste progressivamente do que era e não é mais, o tempo antigo pode existir, paralelamente ou imerso, no tempo novo.

Isso acontece, segundo Halbwachs, quando membros antigos do grupo, estando pouco afetados pelo tempo novo, não são tocados pela transformação ou se distanciam dela:

> Embora a memória atinja regiões do passado em distâncias desiguais, segundo as partes contempladas do corpo social, não é porque uns têm mais lembranças do que outros — mas porque as duas partes do grupo organizam seu pensamento em volta de centros de interesse que já não são exatamente os mesmos (HALBWACHS, 2006, p. 149).

E, para Halbwachs, é a convergência das visões individuais que molda a perspectiva, o olhar para o passado dentro de uma consciência coletiva de grupo que transita em conjunto pela sua memória.

4.3.3 O tempo vivenciado na relação com os objetos digitais no Instagram

Se a memória é um ponto importante na relação com o tempo, seria a aproximação com o trabalho de Halbwachs ou com o de Bergson que alinhavaria a ideia de um tempo vivenciado na relação com os objetos digitais no Instagram? Irei por um ousado caminho do meio.

O intuito não é misturar itinerários tão distintos de forma irresponsável. Mas, sim, sugerir uma aproximação mais integrada, entendendo que o ser humano é complexo, tanto individualmente quanto em sua relação com o coletivo.

Se parece absurdo unir as teorias de Halbwachs e Bergson, correndo o risco de misturar chicletes com banana[61], aproximo as memórias individuais e coletivas — bem como os objetos digitais — ao trazer novamente o conceito de memórias mediadas de José Van Dijck (2007).

É importante ressaltar que, dentro dos estudos em Memória Social, existem abstrações do pensamento, como a memória coletiva, a memória cultural, a memória virtual, entre outras, que servem como "uma metáfora da suposição que fazemos de nossa memória individual" (DODEBEI, 2015, p. 26).

Já vimos que, para Van Dijck (2007), as memórias mediadas por objetos digitais criam e recriam o sentido temporal, de passado, presente e futuro, e que isso acontece pela via da relação entre nós e os outros. Desse modo, segundo ela, as memórias mediadas refletem processos culturais orquestrados por diferentes agentes, como convenções, instituições, indivíduos e tecnologia, nos quais seus produtos

---

[61] Referência ao artigo escrito pela professora Regina Abreu: "Chicletes eu misturo com bananas? Acerca da relação entre teoria e pesquisa em memória social" (ABREU, 2005).

e ações devem ser vistos como um embate entre individualidade e coletividade.

Além disso, Van Dijck reforça que é o alinhamento da memória individual com a memória coletiva, em uma situação relacional, que torna a lembrança possível:

> A memória pessoal só pode existir em relação à memória coletiva: para nos lembrarmos, precisamos alinhar e avaliar constantemente o individual com o coletivo, mas a soma das memórias individuais nunca é igual à coletividade (VAN DIJCK, 2007, p. 25, tradução nossa)[62].

Para a autora, quando as memórias mediadas são objetos de análise cultural, elas estão entre o passado e o futuro, fazendo uma intermediação entre o individual e o coletivo, como mostra a seguir.

Figura 28 – Memórias mediadas como objetos de análise cultural

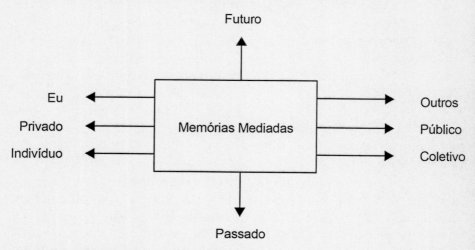

Fonte: VAN DIJCK, 2007, p. 22, tradução nossa[63]

---

[62] "Personal memory can only exist in relation to collective memory: in order to remember ourselves, we have to constantly align and gauge the individual with the collective, but the sum of individual memories never equals collectivity" (VAN DIJCK, 2007, p. 25).

[63] Os eixos no idioma original são: *self*, *private*, *individual* (à esquerda), *other*, *public*, *collective* (à direita), *past* (embaixo) e *future* (em cima) (VAN DIJCK, 2007, p. 22).

Nessa imagem, Van Dijck busca mostrar que existe uma relação dinâmica entre o eixo individual e o coletivo, em uma articulação com o tempo, na qual as memórias transitam e são um processo mediador entre o indivíduo e a cultura, o passado e o futuro. Dessa forma, se voltarmos para Halbwachs e Bergson, o olhar exterior é afetado em sua relação com o olhar interior e vice-versa.

Então, é possível indicar que a relação entre o individual e o coletivo por meio dos objetos digitais se estreita à medida que os usuários interagem, criam, recriam, reproduzem e, assim, ressignificam os objetos digitais, bem como as relações sociais implicadas na circulação desses artefatos.

Assim como a ideia da Kodak, de tratar comercialmente a máquina fotográfica como um dispositivo portátil para que as pessoas pudessem criar memórias que seriam registradas e guardadas (TAYLOR, 2010), os objetos digitais também se tornam objetos de mediação de memória (VAN DIJCK, 2007). Para Van Dijck, a memória incorporada individualmente se transforma em práticas sociais e culturais ao ser manifestada por meio da tecnologia.

Sugiro também que uma das possíveis linhas de conexão conceitual entre as memórias individual e coletiva é o afeto. Bergson (2005) afirma que, quando uma pessoa entra em um recinto e um objeto que costumava estar lá não mais está, o que se tem é uma percepção do que há no local, e não a ausência do que não está:

> Ele se lembrava de um objeto e esperava talvez encontrá-lo: encontra um outro e exprime a decepção de sua expectativa, nascida ela própria da lembrança [...] O que ele percebe, na verdade, o que ele efetivamente consegue pensar é a presença do antigo objeto em um novo lugar ou a de um novo objeto no antigo lugar; o resto, tudo aquilo que se expressa negativamente por palavras tais como o nada ou o vazio, não é tanto pensamento quanto afecção ou, para falar mais exatamente, coloração afetiva do pensamento (BERGSON, 2005, p. 305).

Dessa forma, o que a falta do objeto provoca como reação vem de um lugar de afeto, de "coloração afetiva", como menciona o autor. Assim, se em Bergson as experiências passadas se encontram no presente pela duração, como abordei anteriormente, e se essas experiências estão tomadas muitas vezes de afetividade, o encontro com

Halbwachs acontece quando este sugere que a lembrança se dá a partir de uma comunidade afetiva. A diferença é que, para Bergson, o afeto tem origem no indivíduo e, para Halbwachs, é por meio do afeto que o grupo se une para lembrar:

> Não basta reconstituir pedaço a pedaço a imagem de um acontecimento passado para obter uma lembrança. É preciso que esta reconstrução funcione a partir de dados ou de noções comuns que estejam em nosso espírito e também no dos outros, porque elas estão sempre passando destes para aquele e vice-versa, o que será possível somente se tiverem feito parte e continuarem fazendo parte de uma mesma sociedade, de um mesmo grupo. Somente assim podemos compreender que uma lembrança seja ao mesmo tempo reconhecida e reconstruída. Que importa que os outros estejam ainda dominados por um sentimento que outrora experimentei com eles e já não tenho? Não posso despertá-lo em mim porque há muito tempo não há mais nada em comum entre mim e meus antigos companheiros. Não é culpa da minha memória nem da memória deles (HALBWACHS, 2006, p. 39, 40).

Fazer um inventário de nossas vidas é recorrer às caixinhas de lembranças, abrir os armários das sensações, pessoas e momentos. Assim, selecionamos, escolhemos, esquecemos, lembramos, em um fluxo afetivo, intenso e irregular. Segundo Sérgio Campos Matos (2015), a memória se encontra ao lado dos afetos, da experiência vivida e está ligada aos sentidos, à imaginação. É no tempo vivenciado que o uso da plataforma sai da pura aplicação mecânica para adentrar esferas mais complexas, seja do indivíduo para o coletivo, seja do coletivo para o indivíduo.

Assim, existe uma variedade de usos do Instagram, cada uma com suas particularidades, inclusive de circulação entre plataformas. Mirca Madianou e Daniel Miller (2013) nomeiam como *polymedia* essa característica de trânsito entre diferentes plataformas, no qual cada usuário escolhe o uso que vai fazer de cada uma para que suas necessidades de comunicação e relacionamento sejam supridas. Segundo Mônica Machado, "a perspectiva do conceito de *polymedia* é de que os usos e significados de uma mídia são postos em contraste e complementaridade com outras" (2017, p. 33). Voltando o foco para o Instagram, considero que os usos particulares modificam a experiência do tempo vivenciado no Instagram.

Relembrando que *tempo vivenciado* é o tempo que acontece a partir da vivência dos indivíduos ao experienciar o tempo em conjunto com a memória, alguns pontos entram em destaque na observação desse tempo. O primeiro deles se dá na sensação de velocidade ou lentidão, dependendo da relação que o usuário tem com aquilo que está vivenciando. A concepção de um tempo vivenciado parte da experiência pessoal e plural nos usos da plataforma. Uma pessoa que publica um conteúdo e espera o engajamento das outras pessoas, por exemplo, pode considerar uma eternidade o tempo até que comecem a aparecer esses *likes*.

Cabe aqui uma alusão à fala de Halbwachs de que "pode-se muito bem dizer que em certos ambientes a vida passa, os pensamentos e as sensações se sucedem segundo um ritmo mais rápido do que em outros" (HALBWACHS, 2006, p. 143). Certamente, ele não estava se referindo à internet e, muito menos, ao Instagram, já que na época do autor isso não era uma realidade. Mas essa afirmação nos aproxima desse entendimento sobre a sensação de velocidade que as plataformas introduzem nas vidas dos usuários nesse ambiente que é o Instagram. A diferença na rapidez ou na lentidão estimuladas é marcada não só pelo ambiente, mas também pela experiência de cada sujeito na sua duração (como a impaciência ao dissolver o açúcar na água).

Além da velocidade, outros dois tópicos para discussão aparecem vinculados ao crescente fluxo informacional que transita no Instagram e que estão presentes no tempo vivenciado: a permanência e a efemeridade. Esses dois elementos estão interligados em uma aparente relação de oposição. Mas, se aprofundarmos e usarmos como ponto de reflexão a plataforma Instagram, veremos que, no tempo vivenciado, a efemeridade está no âmbito do experienciado, dos *stories* (*histórias*) e transmissões ao vivo, por exemplo, e não dos mecanismos internos da plataforma.

A efemeridade fica mais exposta nas funcionalidades que concentram sua ideia na instantaneidade, como as transmissões ao vivo, ou na existência programada por apenas 24 horas das *histórias* (e nos seus segundos de exposição). Para quem assiste, fica claro que, quando o tempo demarcado acaba, também termina a existência desses objetos digitais. Mas para quem os cria, como abordei no *tempo dos objetos digitais*, os objetos digitais perduram quando armazenados. E, na própria plataforma, esses objetos são usados como fonte de informação, permanecendo para compor o *big data* que alimenta os algoritmos do Instagram, conforme mencionado anteriormente.

    Ao mesmo tempo, ao opor efemeridade à eternidade, se adentra outra problemática, já que a substituição de uso de uma plataforma por outra provoca a diminuição da rentabilidade e, por sua vez, o término da plataforma. Assim, o fim da plataforma é mais uma questão de *quando* do que de *se*. Quando transferida a oposição da efemeridade para a permanência, no sentido de *aquilo que é estável*, um outro cenário se desenha. A efemeridade se opõe àquilo que pode ser armazenado.

    Essa relação entre efemeridade e permanência nos objetos digitais é extremamente complexa e começa a ficar ainda mais enigmática quando nos perguntamos: o que é efemeridade? Isso, por si só, poderia se transformar em um estudo único e aprofundado. Mas o intuito aqui é apontar as complexidades envoltas no estudo dos objetos digitais, o que torna a definição de um ciclo de vida desses objetos ainda mais labiríntica (e, sem dúvida, mais interessante).

    Véronique Goudinoux (2012), ao tratar do artista Daniel Buren, menciona que ele, ao questionar o que é a efemeridade, pergunta quanto tempo é uma efemeridade, se são quinze dias, quinze anos ou dez mil anos? Então, se usarmos essa mesma linha de raciocínio, se o objeto digital existisse até o final da plataforma e, digamos, se esta durasse dez anos, então o objeto seria permanente ou efêmero?

    Para tentar alinhavar uma resposta, proponho o seguinte: depende do ponto de vista, do referencial. Bem como nos estudos de Física, escolhi um referencial. Este será o tempo de existência da plataforma, mesmo que ainda desconhecido. A efemeridade seria, no tempo vivenciado, uma fração menor do tempo total experienciado. O restante seria permanente. Assim, pensando novamente no eixo temporal e nos usuários externos (que estão visualizando e interagindo com os objetos digitais), mas, agora, considerando também a efemeridade e a permanência, proponho a seguinte ilustração:

Figura 29 – Permanência e efemeridade no tempo vivenciado

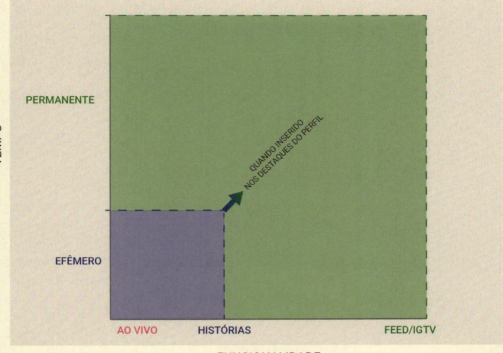

Fonte: DAMIN, 2020, p. 97

Ou seja, as funcionalidades de transmissão ao vivo e as *histórias* inseridas em um tempo vivenciado efêmero, enquanto as publicações no *feed* e no IGTV pertenceriam a um tempo vivenciado permanente. Assim como no tempo dos objetos digitais, quando inseridos em coleções, as transmissões ao vivo e as *histórias* podem estar em um tempo permanente em vez de efêmero. Expandirei, a seguir, a relação entre efemeridade e permanência, fazendo a seguinte pergunta: o que pode acontecer com os objetos digitais quando o Instagram chegar ao fim?

5

THIS IS THE END, BEAUTIFUL FRIEND: CENÁRIOS SOBRE O FIM DO INSTAGRAM

> "E o que é que fica de nós quando morremos?"
> "Não fica nada. Quer dizer, quando eu morrer vai ficar esta entrevista, vão ficar os meus livros, vão ficar durante um tempo nas hemerotecas os artigos e tudo isso, vão ficar os livros que se escrevam sobre a minha obra. Mas de mim próprio não vai ficar nada. Na recordação das pessoas que me são próximas evidentemente que irei ficar durante um tempo e talvez mesmo durante muito tempo, mas por fim tudo acaba." (José Saramago, MENDES, 2012, n. p).

O ato de registrar é reflexo da vontade do ser humano de prolongar sua existência, de permanecer ou, até mesmo, de tentar ir contra sua própria finitude. As formas pelas quais essas tentativas de permanência acontecem estão interligadas ao suporte em que o registro acontece. Desse modo, os textos vincularam-se ao pergaminho, aos papéis, aos tipos móveis, às telas. Mas, como diz Saramago, mesmo que as obras permaneçam, elas não são ele próprio. O registro de suas lembranças não são suas lembranças em si.

Em *Canon and Archive* (2008), Aleida Assmann, ao tratar da memória cultural, faz uma distinção entre a lembrança ativa e a lembrança passiva. Para a autora, a *lembrança ativa* está diretamente atrelada ao ato de canonizar, de selecionar, monumentalizar, expor no espaço museal algo que tem a importância para estar exposto e, assim, sacralizado, em um movimento de memoração contínuo. Já a *lembrança passiva* é da ordem da acumulação e faz referência a uma memória arquivada, acumulada, armazenada em depósitos.

Alguns anos depois, em 2011, ela expõe as diferenças entre memória e história em Friedrich Nietzsche, Halbwachs e Nora. Assmann (2011, p. 143, 144) pontua que Nietzsche considera a história como algo ameaçador e um "mar interminável de saber" (ASSMANN, 2011, p. 143) onde "o passado encontra-se sob o peso do passado"; já a memória é vista sob um olhar nostálgico, benéfico, "é o passado que se encontra sob o peso do presente". A autora lembra que em Halbwachs a memória coletiva se refere ao grupo, como tratei anteriormente, mas o que ele chama de memória histórica "não tem função de asseguração identitária, [...] constrói uma moldura integradora para muitas narrativas, existe no singular" (ASSMANN, 2011, p. 144) e se especializa em colocar uma luz nas mudanças. Por fim, Assmann comenta a afirmação de Nora de que memória e história são completos opostos, pois a primeira é considerada um fenômeno atual, vívido, orientado a sacralizar a recordação e que surge no grupo, em uma identidade comum; ao passo que a história representa o passado, desmistificando-o e é universal, pertencendo a ninguém e a todos ao mesmo tempo.

Nessas diferenças, Assmann sugere a existência de uma oposição entre corporificado e descorporificado, habitado e inabitado. Sua proposta parece se alinhar com as lembranças passiva e ativa, mas em outro contexto. Assim, a autora propõe as seguintes diferenças entre uma memória habitada e uma memória inabitada:

Quadro 3 – Memória habitada *versus* memória inabitada

Memória habitada	Memória inabitada
Está vinculada a um portador, que pode ser um grupo, uma instituição ou um indivíduo.	É desvinculada de um portador específico.
Estabelece uma ponte entre passado, presente e futuro.	Separa radicalmente passado de presente e futuro.
Procede de modo seletivo, à medida que recorda uma coisa e esquece outra.	Interessa-se por tudo: tudo é igualmente importante.
Intermedeia valores dos quais resultam um perfil identitário e normas de ação.	Investiga a verdade e com isso suspende valores e normas.

Fonte: ASSMANN, 2011, p. 146

A partir disso, a autora afirma que a oposição entre memória e história não é mais sustentável, sugerindo, então, que a memória habitada e a inabitada são complementares, e não excludentes no modo de recordar. Ela passa, então, a chamar a memória habitada de funcional e a inabitada de cumulativa. Desse modo, a *memória funcional* está voltada à seletividade, às referências ao grupo do qual ela faz parte, é orientada aos valores desse grupo e à orientação ao futuro.

A *memória cumulativa*, por sua vez, se desenvolve como uma espécie de guardiã de um passado que não se articula mais em relação ao presente. É uma "memória de segunda ordem, uma memória das memórias, que acolhe em si aquilo que perdeu a relação vital com o presente"(ASSMANN, 2011, p. 147). São os arquivos esquecidos, acervos que não são de propriedade de ninguém, mas que, segundo a autora, "podem ser recuperados, de modo a oferecer novas possibilidades de adesão à memória funcional" (ASSMANN, 2011, p. 147).

Apesar dos diferentes focos entre os textos de 2008 e 2011, é possível apontar a existência de uma conexão entre as passagens da memória cumulativa para a memória funcional e da lembrança passiva para a ativa:

> Sob o teto das ciências históricas podem guardar-se vestígios inabitados e acervos que ficaram sem dono, mas que podem ser recuperados, de modo a oferecer novas possibilidades de adesão à memória funcional (ASSMANN, 2011, p. 147).

Ou seja, aquilo que o ser humano registra pode transitar entre o desconhecido e o desvendado sob diversas circunstâncias. Mas, como ressalta Jean Davallon (2015), o registro, por mais completo que seja, é sempre uma redução. Dessa forma, uma performance teatral ou um testemunho, mesmo gravados em vídeo na sua totalidade, nunca serão o ato em si, pois o contexto de origem do que foi gravado, como explica o autor, será exposto apenas como uma tentativa antropológica. Existe a criação, de acordo com Davallon, de um olhar sobre essa memória gravada, que "introduz um compartilhamento entre, de um lado, a memória e o mundo de onde ela vem e, de outro, o mundo que operou o registro; seja entre um mundo de origem que enuncia a memória e um mundo da recepção que a põe em forma e a conserva" (2015, p. 63).

Portanto, se pensarmos nos objetos digitais no Instagram como um registro que pode ser esquecido ou preservado, e como uma redução de um ato, seja performático, criativo, afetivo, informativo ou todas essas instâncias juntas, se faz necessário entender o processo que envolve os registros e a memória, chamado de memoração. Em seguida, abordo como nesse trânsito mediado de memórias há a criação de rastros digitais e memoriais, inclusive quando se pensa no fim do Instagram. Se ele é iminente, o que resta? Por fim, ponderarei sobre a preservação dos objetos digitais na plataforma.

5.1. OS PROCESSOS DE MEMORAÇÃO

Memoração é um termo cunhado no Programa de Pós-Graduação em Memória Social (PPGMS) que significa tratar a Memória Social enquanto processos interligados de memoração, mediação e patrimonialização, analisados a partir da relação "da sociedade com o tempo, o espaço, a linguagem e a criação" (DODEBEI; TARDY, 2015, p. 8). Vera Dodebei (2015) sugere a existência de três processos de memoração: dissolução, acumulação e interação.

Na *dissolução* estariam as memórias de natureza processual e não cumulativa, que dão lugar à criação de novas memórias quando o grupo social as incorpora e as transforma. Não há "repetição, origem ou autoria memorial, pois a memória é sempre um único produto" (DODEBEI, 2015, p. 26). A autora oferece como exemplo o conhecimento transmitido oralmente, no qual não são produzidos rastros memoriais. Ou seja, a memória se atualiza na duração, no presente, como visto em Bergson.

A *acumulação*, como o nome sugere, representa o acúmulo de memórias artificiais por meio de objetos auxiliares da memória individual, registrados por diferentes técnicas em suportes analógicos. Como a representação das lembranças por meio da escrita de um diário, por exemplo, ou a memória cumulativa em Assmann (2011).

> Os objetos *conversam* entre si, isto é, seu valor documental é medido por uma relação orgânica entre os itens, a qual é estabelecida pela ordem adotada ao longo do processo de acumulação. Os arquivos podem ser vistos como uma narrativa, cujo narrador é o próprio acumulador, seja ele uma instituição pública ou uma instituição privada, de natureza física ou jurídica (DODEBEI, 2015, p. 72).

Já a *interação* é o resultado da associação da dissolução com a acumulação, em que a produção de memória acontece por meio da interação humano-máquina. Assim, incorpora às memórias artificiais a memória eletrônica, garantindo registros analógicos e digitais no ambiente *online*. A gravação de um depoimento publicado no site do Museu da Pessoa é um exemplo de interação, assim como os objetos digitais no Instagram.

Figura 30 – O processo de memoração

Fonte: DAMIN, 2020, p. 101; com base em DODEBEI, 2015

Se refletirmos sobre esses três processos, é possível apontar o desenvolvimento das tecnologias externas utilizadas como suportes de memória, principalmente frente à tradição oral. Nesta, vinculado ao processo de dissolução, o corpo é o encarregado de transmitir conhecimento, seja por meio das histórias contadas ou dos rituais praticados, ambos passados geracionalmente em processos de memoração.

Para Walter Ong (2013), nas culturas orais, a criação de conhecimento não pode se dar através de categorias elaboradas, cientificamente abstratas. Por isso, as narrativas servem como meio para armazenar, organizar e comunicar o conhecimento. Outro ponto importante para o autor é que, por meio da repetição, as culturas orais são capazes de transmitir conhecimento de forma razoavelmente durável através de rituais, mesmo quando a narrativa é longa: "[…] nas culturas orais primárias, onde não há texto, a narrativa serve para vincular o pensamento de maneira mais massiva e permanente do que outros gêneros" (ONG, 2013, p. 138, tradução nossa).

Ao partir para a ideia da acumulação, da cristalização das informações nas coisas e em suas relações (LÉVY, 1993), me direciono aos suportes materiais de memória, que auxiliam na ação de lembrar. De acordo com Andrew Jones (2007), como o cérebro possui limitações de armazenamento, a criação de dispositivos extracorpóreos surge para suprir a necessidade de armazenar memórias e experiências. Inicialmente, através do que era encontrado na natureza, como pedras, ossos, argila, até chegar, nos dias atuais, aos dispositivos eletrônicos, como celulares e *tablets*, por exemplo. O autor afirma que, a cada nova tecnologia que surge nesse sentido, mais eficientes são esses suportes no auxílio à memória humana.

Com o advento da escrita, se abre a possibilidade de registrar mais permanentemente e sistematicamente aquilo que se desejava lembrar (ONG, 2013). Pierre Lévy (1993), em sua obra *As tecnologias da inteligência*, afirma que o vestígio escrito é literal, portanto, não existe o risco de que, como acontece nas culturas orais, a memória modifique o conteúdo:

> A comunicação puramente escrita elimina a mediação humana no contexto que adaptava ou traduzia as mensagens vindas de um outro tempo ou lugar. [...] A transmissão oral era sempre, simultaneamente, uma tradição, uma adaptação e uma traição. [...] A oralidade ajustava os cantos e as palavras para conformá-los às circunstâncias, a civilização da escrita acrescenta novas interpretações aos textos, empurrando diante de si uma massa de escritos cada vez mais imponente (LÉVY, 1993, p. 89, 90).

A humanidade passa, então, a ter uma ferramenta mais permanente de registro, possibilitando que o saber se torne um objeto passível de análise e exame (LÉVY, 1993). Com a criação dos tipos móveis em 1450 por Johann Gutenberg (BRIGGS; BURKE, 2016), se torna real a possibilidade de impressão em larga escala.

A partir da disseminação impressa, o texto ganha uma nova importância e cria a possibilidade de elaboração de uma cronologia histórica, consolidando as palavras impressas que registram o passado de modo que elas não tenham a mesma originalidade de uma cadeia viva transmissora de conhecimento (LÉVY, 1993). Para Ong (1998), a cultura impressa percebe uma obra como um exemplar único, "fechada" em si mesma, separada das outras, tendo seus significados independentes da influência exterior. E, a cada exemplar gerado, não só de obras literárias, mas de manuais, cartilhas, mapas, a acumulação acontece em consequência de uma "explosão documental gerada pelo processo de especialização do saber" (DODEBEI, 2014, p. 11), potencializando o trânsito de textos e imagens no tempo e no espaço.

Para além dos suportes textuais, a imagem também é suporte no registro das lembranças. Do corpo como imagem, a partir da imitação gestual, às imagens no Instagram, passando pelo suporte imagético em materiais naturais, pela pintura, fotografia, entre outros, um longo trajeto aconteceu e acontece em direção ao aperfeiçoamento técnico. Seja este de capacidade de armazenamento, seja de aprimoramento dos próprios mecanismos, como a câmera do celular, por exemplo.

Assmann (2011), ao tratar das imagens como meios de memória em contraste com os textos, afirma que existe algo enigmático e obscuro quando estas são responsáveis pela transmissão da tradição: "ao contrário dos textos, imagens são mudas e sobredeterminadas; elas podem fechar-se em si ou ser mais eloquentes que qualquer texto" (ASSMANN, 2011, p. 237).

Com os atos de fotografar e filmar, ainda de forma analógica, o processo de acumulação ganhou novos contornos, se tornando, inclusive, ferramenta antropológica de registro. É importante ressaltar que, assim como aponta Jones (2007), tanto o lembrar quanto o esquecer não estão impressos nos objetos, mas, sim, são performados pelas práticas materiais. Ou seja, por mais que haja um testemunho gravado em vídeo, esse registro não será a lembrança (ou o esquecimento) em si, mas a performance memorial de quem fala para a câmera. Assim como diz Saramago que as obras não são ele próprio.

No processo de memoração proposto por Dodebei (2015), a interação faz emergir um performar da imagem através do Instagram com a acumulação informacional em servidores e nos próprios *smartphones*. Para Hoskins (2009), plataformas que permitem o intercâmbio visual, público e privado, contribuem para a emergência de uma memória digital em rede, na qual existe uma espécie de memória arquivística viva por meio das dinâmicas de adição, alteração, apagamento de conteúdos.

Assim como o álbum de fotos analógico, as fotos (e vídeos) publicados no perfil e nos destaques das *histórias* e os vídeos do IGTV podem ser revistos, rearranjados, arquivados, relembrados. Para Diana Taylor (2010), o passado também se relaciona com a memória arquivística, funcionando através da distância, do tempo e do espaço. Ela afirma que o que muda durante o tempo é o valor, a relevância ou o significado do arquivo e a maneira como o que ele contém é interpretado. Pois, como afirma Davallon, as experiências vividas em nossa memória são sempre "da ordem do presente, porque o estado ou a qualidade da memória é o movimento, a constante atualização de informações/lembranças" (2015, p. 23). E é nesse movimento da ordem do presente de acessar, curtir, comentar, visualizar e interagir no Instagram que vamos deixando rastros digitais e memoriais. Mas o que são esses rastros?

5.2 RASTROS DIGITAIS E RASTROS MEMORIAIS

Retomando o Capítulo 3, a Política de Dados do Instagram mostra que a plataforma não só rastreia os passos dos usuários, como também armazena suas pegadas digitais de forma cada vez mais eficiente, inclusive com a ajuda dos algoritmos responsáveis pela captação, manipulação e direcionamento dos dados e informações. Proponho uma divisão dos rastros digitais entre *rastros propositais* e *rastros involuntários*. No primeiro caso, está, por exemplo, a criação de objetos digitais e a interação entre usuários em ambiente privado, como é o caso das mensagens trocadas e das publicações no perfil. O usuário realiza essas ações, que deixam rastros, por vontade própria e tem ciência de que o que fez estará na plataforma.

Nos rastros involuntários, estão as informações captadas de modo implícito pela plataforma, como, por exemplo, a identificação de padrões de navegação, o rastreamento do sinal de GPS, a incidência de cliques, os termos mais buscados, entre outros. O usuário tem à disposição essas informações nos termos de uso e políticas de dados da empresa, mas, se não os ler, não terá ciência dos rastros digitais que está deixando e do que a plataforma fará com isso.

Como abordado anteriormente, é por meio desse mapeamento de padrões que o algoritmo direciona tanto o conteúdo mais "palatável" àquele perfil quanto os dados para que os anunciantes se aproximem de seu público-alvo. Dessa forma, é impossível afirmar sem uma investigação dentro da empresa que tipo de rastros o Instagram — bem como sua empresa-mãe, o Facebook — manteria após o encerramento da plataforma. Portanto, as suposições que farei irão se limitar à parte do usuário.

De acordo com Fernanda Bruno (2012), os rastros digitais são vestígios deixados por indivíduos por meio de uma ação realizada na internet e, como toda comunicação, deixa rastros que são potencialmente recuperáveis. Além disso, o registro digital gera um arquivo como rastro que, para ser esquecido, precisa ser deliberadamente apagado. Um outro ponto abordado pela autora é o de que "os rastros digitais são relativamente mais persistentes e facilmente recuperáveis" (BRUNO, 2012, p. 688), pois há uma redução no tempo entre a criação do registro (e, consequentemente, do rastro) e sua recuperação. Por último, Bruno assinala a existência de camadas de visibilidade multiformes, com estratos superficiais e profundos, visíveis e invisíveis de rastros e que equivalem aos conceitos de *rastros propositais* e *rastros involuntários* explorados anteriormente.

À medida que o usuário armazena os objetos digitais que produz em outros locais, como no telefone celular ou na nuvem — em um duplo e, às vezes, triplo salvar —, vai deixando pegadas digitais que permitem, potencialmente, a recuperação desses objetos. O nome do arquivo de uma fotografia que espelhe o que ele é ou um caminho de pastas escolhido logicamente são exemplos de decisões que facilitam a recuperação dos objetos.

Caso o volume de fotos, documentos, arquivos de vídeos, imagens seja muito grande e, principalmente, desorganizado, essa recuperação será mais trabalhosa. Uma fotografia com o nome de arquivo gerado automaticamente poderá ser perdida dentro de uma massa informacional. Por mais que deixe rastros, sua recuperação se torna mais difícil, sendo necessário um esforço humano para lembrar alguma característica existente nesse rastro para localizá-lo, como a data de criação ou a possível pasta em que foi armazenado.

No Instagram, são muitas as ações predeterminadas pela plataforma que acabam deixando rastros digitais que apontam caminhos de uso. Os próprios objetos digitais, ao serem criados ou compartilhados, trazem dados e metadados, que, por sua vez, deixam traços de sua existência e constituição. Digitar uma mensagem, enviar um GIF, mandar uma mensagem de voz, todas essas ações "algoritmizáveis" geram um rastro passível de decodificação pelo ser humano através da linguagem, da imagem, da memória.

E, assim como deixa os rastros digitais, o ser humano deixa rastros memoriais, sejam eles físicos ou artificiais. Como visto anteriormente, a escrita e, principalmente, a evolução dos suportes analógicos propiciaram a cristalização do conhecimento na forma de textos que não se alteravam como acontecia no conhecimento transmitido oralmente. De acordo com Assmann, os arquivos nascem da ideia de ampliação da capacidade de registrar o conhecimento para além do ser humano, por meio da escrita, tornando a memória "fixa e independente dos portadores físicos" (ASSMANN, 2011, p. 367). Ela também afirma que "o que condiciona a existência de um arquivo são sistemas de registro que agem como meios de armazenamentos externos" (2011, p. 367).

Conforme explica a autora, a escrita "removeu a memória de dentro do ser humano e a tornou fixa e independente dos portadores vivos" (2011, p. 367), ou seja, extingue a dependência de uma memória individual representada pela oralidade. Ela afirma que, como os registros não se decompunham tão facilmente, era necessário a criação de um sistema que armazenasse esses registros, ou seja, os arquivos[64]. Segundo a autora, tendo uma origem burocrática, o arquivo se inicia como o guardião de uma memória econômica e administrativa para, depois, passar a ser "testemunho do passado" (ASSMANN, 2011, p. 367).

Mas Jeanne Marie Gagnebin (2006) ressalta que a escrita, apesar de muitas vezes tratada como tal, não deve ser considerada como um rastro privilegiado, pois o rastro seria marcado por uma não intencionalidade. Segundo a autora, "rigorosamente falando, rastros não são criados — como são outros signos culturais e linguísticos —, mas sim deixados ou esquecidos" (GAGNEBIN, 2006, p. 113). Dessa forma, proponho que, mesmo que o usuário do Instagram *saiba* que está deixando um rastro (dentro da ideia anterior de rastros propositais), é algo que é percebido mais como uma consequência do que como uma ação deliberada para a posteridade.

Isso porque toda interação na plataforma deixa um rastro. Não só os *likes* e comentários, mas o caminho do dedo do usuário na tela deixa, além de um rastro orgânico — a digital e resíduos orgânicos —, um rastro de trajetória dentro da plataforma. O duplo clique dos dedos, que é traduzido pela plataforma como um *like*, a escolha — entre todas as opções — do *post* em que vai se demorar mais. O deslizar horizontal para a direita que, no *feed*, aciona a câmera, e para a esquerda vai para a

---
[64] Arquivos aqui entendidos como acervos de registros.

área das mensagens; e, nas *histórias*, passa para as *histórias* do próximo usuário (escolhido pelos algoritmos da plataforma). O dedo que permanece pressionando a tela nas *histórias* para pausá-las ou o clique que, na lateral direita, passa para a próxima *história* e, na lateral esquerda, volta à *história* anterior. Um movimento motor que é automatizado, se transforma, conforme abordado anteriormente, em uma nova memória-hábito (BERGSON, 2010).

Além do rastro provocado por essa memória-hábito, me aproximo de Gagnebin (2012) em sua proposta de que o conceito filosófico de rastro esteja interligado à sua fragilidade e que sua existência só se deve à ameaça de apagamento. É a "presença de uma ausência e ausência de uma presença [...]: ele é rastro porque sempre ameaçado de ser apagado ou de não ser mais reconhecido como signo de algo que assinala" (GAGNEBIN, 2012, p. 27).

Nessa perspectiva, se o rastro se apresenta como frágil, em um iminente desaparecimento, pensar os rastros memoriais em relação ao Instagram é pensar também em cenários após o fim do Instagram. Se, como sugere Benjamin (1987), a memória é um meio e, para se chegar ao passado, é necessário escavar para alcançá-lo, quais as perspectivas para a memória e para os objetos digitais frente ao término do Instagram?

5.3 O FIM DO INSTAGRAM: UM PARALELO COM O ORKUT

Se é na figura do arqueólogo que Benjamin sugere o encontro com o passado, nesse cenário de fim do Instagram, o que é possível escavar na relação entre a memória e os objetos digitais em um futuro que olha o presente como passado? Jay David Bolter, em seu livro *The Digital Plenitude* (2019), faz o exercício de imaginar um viajante do tempo de 1960 que desembarca no tempo presente (considerando o ano do livro, 2019). E, se fizermos esse exercício de pensamento, mas ao contrário: ao invés de 1960, um (ou uma) viajante dos anos 2070 desembarcasse em 2019?

Há dez anos, Gordon Bell dizia que "[...] câmeras digitais, e-mail, telefones celulares e assistentes pessoais digitais (PDAs) são a vanguarda da tecnologia que estão gerando uma explosão de registros digitais de nossas vidas diárias" (BELL; GEMMELL, 2009, sem paginação, tradução nossa)[65]. Se hoje pensar em um PDA como um dispositivo de vanguarda parece uma realidade muito distante, certamente daqui a 50 anos o cenário digital será bem diferente (o que faz com que este texto reflita um recorte temporal e tecnológico específico). Agora, se pensarmos, em vez de uma viajante, uma arqueóloga das mídias que, em 2070, pesquisasse as plataformas digitais em 2019 e, mais especificamente, o Instagram, o que ela encontraria?

A arqueologia das mídias, de acordo com Erkki Huhtamo e Jussi Parikka, enfatiza as manifestações materiais e discursivas, remexendo "[...] arquivos textuais, visuais e auditivos, bem como coleções de artefatos" (HUHTAMO; PARIKKA, 2011, p. 3, tradução nossa)[66]. Além disso, os autores reforçam que, como a arqueologia das mídias não está localizada em um campo específico, transita fluidamente entre diferentes disciplinas. Segundo Natália Aly (2016), a tecnologia é responsável pela produção de conteúdos e registros por meio de sinais analógicos, mecânicos, e códigos digitais, numéricos. Estes acontecem quando se adiciona à tecnologia o conhecimento e o imaginário humano:

> Cada gênero de mídia é herança de tecnicismos específicos que vão ao encontro de sua matriz física real, marcando no tempo variadas formas de ações do homem, traduzidas por aparatos e materializadas na forma das mensagens das mídias (ALY, 2016, p. 22).

Antes de considerar um cenário de preservação, que será visto em seguida, seguirei pelo caminho oposto. Dessa forma, abordarei tanto as sobras de lembrança quanto os excessos de esquecimento, pois representar o passado requer olhar não só para o que se tem registro, mas também para o vazio, tendo ciência de que nem todas as lacunas serão preenchidas.

Mesmo com um apagamento intencional — o que Aleida Assmann (2008) denomina de *esquecimento ativo*[67] — de todos os mecanismos que permitem o funcionamento do Instagram e de todos os

---

[65] "[...] digital cameras, e-mail, cell phones, and personal digital assistants (PDAs) are the vanguard of technology that is generating an explosion of digital records of our daily lives" (BELL; GEMMELL, 2009, sem paginação).
[66] "[...] textual, visual, and auditory archives as well as collections of artifacts" (HUHTAMO; PARIKKA, 2011, p. 3).
[67] O contrário, o *esquecimento passivo*, se dá na ordem do negligenciamento, do abandono de artefatos que, esquecidos em lugares não mapeados, podem ser encontrados, recuperados e catalogados (ASSMANN, 2008).

objetos digitais inseridos na plataforma, ainda poderiam restar fragmentos do que foi o Instagram. Principalmente se trouxermos como base de conduta o Orkut. Adquirido pelo Google em 2008, encerrou suas atividades em 30 de setembro de 2014 e deu dois anos de prazo para que seus usuários fizessem o *download* de suas fotos (COSSETTI, 2020, *online*).

Além das fotos, outros elementos do Orkut são as comunidades — no modelo de fóruns de discussão sobre diversos assuntos —, os depoimentos — local onde, sem inicialmente ter a funcionalidade de mensagens, as pessoas escreviam umas para as outras e cabia ao usuário aceitar e deixar público ou rejeitar e deixar privado (muitas vezes os depoimentos, quando eram só de ordem privada, vinham acompanhados do recado em letras garrafais "NÃO ACEITA") — e os *scraps* — em que os outros usuários deixavam recados, porém eram publicados imediatamente, sem moderação.

Figura 31 – Comunidade do Orkut "Queria sorvete, mas era feijão"

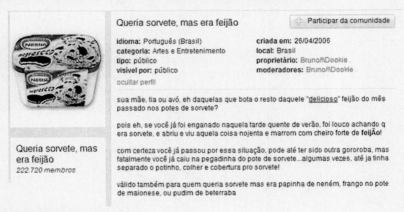

Fonte: MOUSINHO, 2020, *online*

Após o prazo de dois anos, em 2016, alegando questões de privacidade, o Google afirmou ter apagado todos os dados do Orkut. Ou seja, além das fotos, todas as informações de usuários teriam sido deletadas. Apesar disso, existem rastros e restos "espalhados" pela internet. Segundo Octave Debary, o objeto

[...] ao se decompor, ele passa de si a outro, ao que resta. Nesse ínterim, ele possui o poder de significar essa passagem. O tempo passado para esses objetos leva-os ao limite do uso e permite que se libertem de uma definição utilitária do mundo para tornarem-se outra coisa (DEBARY, 2017, p. 106).

As notificações de mensagens recebidas pelos usuários é um exemplo do que restou do Orkut, como mostra a Figura 32, em e-mail acessado dia 6 de janeiro de 2020.

Figura 32 – Notificação de mensagem do Orkut

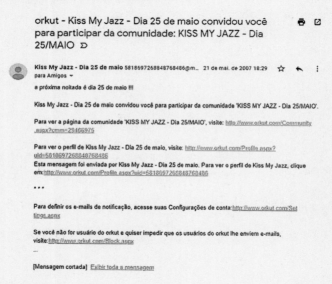

Fonte: e-mail recebido pela autora

O e-mail, recebido em 2007, é a notificação de uma mensagem enviada no Orkut, ou seja, é uma réplica da mensagem original. Os restos de um rastro sem saída, sem fim, ou, pelo menos, sem uma saída relacionada ao Orkut, pois os *links* vão para um site inexistente. O que sobra são vestígios contemporâneos que explicam o funcionamento dele ou as lembranças, muitas vezes nostálgicas, de quem o usou (como sites e imagens a respeito do Orkut).

Como ilustração, foi sugerido um exercício de imaginação às participantes da *digital friendnography*, via formulário do Google. Esse exercício teve como objetivo comparar, por meio de uma escrita fictícia e afetiva, as lembranças a respeito do Orkut, de algo que não existe mais, com as lembranças do Instagram, ainda em uso. Duas participantes responderam, Rafaela e Sandra.

O primeiro enunciado era: *Você tem uma neta 50 anos mais nova. Conte para ela sobre o Orkut. O que era? Para que servia? Como se usava? Conte do que você sente falta do Orkut e escreva alguma história relacionada a ele.* E o segundo, praticamente igual: *Agora, faça o mesmo e conte para ela sobre o Instagram, pensando que sua neta também não sabe o que é, pois ele não existe mais. O que era? Para que servia? Como se usava? Conte do que você sente falta do Instagram e escreva alguma história relacionada a ele.* Escolhi a figura da neta por ser uma referência temporal e afetiva de futuro.

As respostas recebidas de duas participantes, mantendo sua escrita original e *emoticons*, foram divididas em dois quadros. Primeiro, analisarei o quadro e as respostas de Rafaela (Quadro 4) e, em seguida, farei o mesmo com Sandra (Quadro 5). Por fim, realizarei um comparativo entre as respostas.

Quadro 4 – Lembranças de Rafaela sobre o Orkut e o Instagram

Participante	Orkut	Instagram
Rafaela	Antes do Facebook, as pessoas usavam o Orkut. Tinha basicamente a mesma finalidade, conectar as pessoas. Tinham grupos onde as pessoas discutiam sobre um assunto em comum, alguns deles tinham temáticas engraçadas e conseguia reunir muitas pessoas com os mesmos interesses. Sinto falta deles ... também o recurso de fazer depoimentos outras pessoas e ficava exposto para todos verem. Certa vez foi criado um grupo no Orkut entre os fotógrafos de eventos que já trabalharam para a casa de festa X. Mesmo os noivos tendo pago o buffet para equipe os garçons da casa de festa não serviam as equipes. Para não importunar os noivos nesse dia especial as equipes acabavam ficando com fome. Acho que isso aconteceu tantas vezes que o grupo foi criado e o nome da casa de festa ficou marcado com essa crítica. Quem jogasse na busca o nome da casa de festa iria achar esse grupo. Eles entraram em contato com os integrantes do grupo e fizeram um acordo dizendo que se o grupo fosse extinto eles iriam começar a servir direito os trabalhadores. Deu tudo certo!	O Instagram era basicamente um álbum de fotos *online*, onde as pessoas curtiam as suas fotos e comentavam alguma coisa. Muita gente perdia muito tempo da vida tirando fotos pra postar e os outros reagir com a foto. Vovó simplesmente nunca entendeu isso, o melhor da vida é viver. Tinha tbm uma parte onde podíamos colocar fotos que sumiam em 24hs. Vc podia colocar algo que estivesse pensando, uma foto que que estava comendo ou fazendo, colocar alguma propaganda que quiser expor para vender ... Em fim, cada um usava para uma finalidade. A vantagem era que vc podia puxar assunto com as pessoas através das postagens delas e a desvantagem é que quando vc postava vinham umas pessoas aleatórias puxar assunto com vc Vovó costumava usar para fazer a divulgação do trabalho dela em uma conta profissional. Pensa na paciência que vovó tinha pra fazer essas coisas rsrsr. 📷😊

Fonte: DAMIN, 2020, p. 111

É possível perceber que Rafaela lembra do Orkut de forma nostálgica, afetiva quando afirma que sente falta dos grupos do Orkut. O Facebook também é mencionado, seguido da afirmação que o Orkut "tinha basicamente a mesma finalidade, conectar as pessoas". Com essa referência, Rafaela coloca o Orkut e o Facebook com o mesmo objetivo, mas com uma dinâmica diferente. As comunidades, nomeadas por ela como grupos, parecem uma forma de destacar essa criação de conexão quando ela afirma que era o local "onde as pessoas discutiam sobre um assunto em comum, alguns deles tinham temáticas engraçadas e conseguia reunir muitas pessoas com os mesmos interesses". Rafaela termina citando um exemplo de mobilização do grupo de profissionais de fotografia contra uma casa de festa.

Considerando que o exercício foi realizado em 2019, ocasião da pesquisa para a escrita da tese, quando o Facebook ainda tem muitos usuários, e juntando à sua resposta sobre o Instagram, percebo que existe uma carga afetiva maior com o Facebook do que com o Instagram. E, conhecendo Rafaela, acompanhando-a em ambas as plataformas, afirmo que o uso do Facebook por ela, até o momento da pesquisa, é mais recorrente do que o do Instagram.

Isso é reforçado pela sua fala sobre o Instagram de que "muita gente perdia muito tempo da vida tirando fotos pra postar e os outros reagir com a foto. Vovó simplesmente nunca entendeu isso, o melhor da vida é viver". Um outro ponto que essa fala toca é a questão da temporalidade vivenciada. Ao lembrar de uma plataforma que ainda existe e é usada por ela, Rafaela diz que usar o Instagram é perder muito tempo de vida *offline* com esse tipo de interação *online*.

Ela reforça o tópico do tempo usado de forma negativa pelos usuários do Instagram ao terminar o exercício afirmando que não tinha muita paciência para fazer a divulgação de seu trabalho. Adentrando seu perfil pessoal em 9 de janeiro de 2020, constato que a última foto foi publicada no *feed* em 1º de setembro de 2019, data de uma das rodas de conversa realizadas para esta pesquisa (e, vale ressaltar, a foto foi tirada e publicada por insistência das participantes). Já no perfil profissional, a última fotografia é de 10 de dezembro de 2019. Além disso, a descrição que faz da plataforma já mostra o desinteresse em utilizá-la: "o Instagram era basicamente um álbum de fotos *online*, onde as pessoas curtiam as suas fotos e comentavam alguma coisa". Aqui fica marcada a diferença entre tratar o Instagram como um álbum de fotos e o Orkut como uma ferramenta para conectar pessoas.

Rafaela cita no exercício as *histórias* do Instagram, descrevendo como destaque o tempo de 24 horas e seu uso, que se dava de acordo com a finalidade de cada um, fosse para "colocar algo que estivesse pensando, uma foto que que estava comendo ou fazendo", fosse para "colocar alguma propaganda que quiser expor para vender". Rafaela cita como vantagem das publicações a sua serventia como uma oportunidade para "puxar assunto", o que, na via contrária, vê como uma desvantagem, como algo ruim ao ter "pessoas aleatórias" interagindo. A seguir, no Quadro 5 estão as respostas de Sandra, seguidas da análise.

Quadro 5 – Lembranças de Sandra sobre o Orkut e o Instagram

Participante	Orkut	Instagram
Sandra	Netinha, o Orkut era uma das primeiras redes sociais que surgiu, antes do Facebook que também não existe mais. Mas era diferente. Vc criava amizade com as pessoas e entrava nas comunidades que eram grupos pra falar de qualquer assunto. Mas a comunidade tinha um tema, tipo, "eu gosto/odeio de tal coisa". Ou de artistas, personagens, etc. Nele vc podia mandar recados pro seu contato também. Era interessante porque vc poderia agrupar gostos parecidos. Não sinto muita falta porque logo ele ficou um pouco obsoleto para mim. Porém gostaria de revisitar as comunidades para ver o que as pessoas falavam na época. Uma história que tenho sobre o Orkut, era que antes de entrar na faculdade os calouros do meu curso criaram uma comunidade. Então já vimos os perfis das pessoas antes de conhecer pessoalmente. Contudo quando as encontrei eram bem diferentes do que se mostravam na rede!	Eu amava o Instagram!! Era diferente pq era feita de fotos e imagens. Como sempre gostei mais disso, para mim era muito interessante. Vc podia tirar fotos, criar vídeos, postar imagens da internet, etc. A melhor parte eram as páginas de memes! Era cada bobeira, mas era muito bom. Servia para se comunicar, conhecer o gosto das pessoas e também assuntar a vida dos outros, pq não? O Instagram era bom porque vc tinha uma ilusão de privacidade. Podia conversar numa parte privada e limitar seus seguidores. Lembro que eu gostava também de ver os crushes (não sei como se chama hoje em dia). A gente "curtia" a foto para dar uma moral ou não curtia para não dar moral também. Via quem tava interessado em vc. Demonstrava interesse. Tudo isso. E de vez em quando arrumava uns encontros.

Fonte: DAMIN, 2020, p. 113

Sandra também inicia o exercício citando o Facebook, mas pontua que ele, assim como o Orkut, não existe mais. Ela também afirma que a dinâmica era diferente, dizendo que no Orkut "vc criava amizade com as pessoas" e ressalta o funcionamento das comunidades. Em sua lembrança, "eram grupos pra falar de qualquer assunto. Mas a comunidade tinha um tema, tipo, "eu gosto/odeio de tal coisa". Ou de artistas, personagens, etc.". Outra funcionalidade que Sandra destaca nas comunidades é o envio de mensagens entre os usuários e o fato de elas agruparem "gostos parecidos".

Ao afirmar que não sente falta, porque "logo ele ficou um pouco obsoleto", Sandra parece ter uma distância afetiva com o Orkut. Em seguida, ressalta que "gostaria de revisitar as comunidades para ver o que as pessoas falavam na época", o que, aparentemente, mostra mais uma nostalgia referente à época em que o Orkut existia do que, efetivamente, uma memória afetiva sobre como o usava.

Como sugestão de história relacionada ao Orkut, Sandra conta que uma comunidade serviu como ponto de partida para a interação entre os alunos que estavam entrando na mesma faculdade. Ela menciona que, por lá, foi possível ver antecipadamente como seriam as pessoas antes de conhecê-las, mas salienta que elas "eram bem diferentes do que se mostravam na rede!".

Em relação ao Instagram, Sandra começa sua resposta afirmando que "amava o Instagram!". Uma reação diferente do "não sinto muita falta" quando se refere ao Orkut. É possível analisar que o tom da escrita parece mais entusiasmado e com mais atribuições positivas de valor ao lembrar da plataforma, como "amava", "sempre gostei mais disso", "era muito interessante", "era muito bom", "era bom", "gostava também". As respostas são mais afirmativas e menos neutras, em comparação ao relato da lembrança sobre o Orkut.

O foco nas imagens é outro fator que ela ressalta como algo diferente, "pq era feita de fotos e imagens. Vc podia tirar fotos, criar vídeos, postar imagens da internet, etc.". O interesse de Sandra pelas imagens é algo muito presente em sua vida profissional como professora. Ela, inclusive, oferece cursos de História da Arte. Sandra também pontua o humor como um atributo favorável do Instagram e destaca que a "melhor parte eram as páginas de memes! Era cada bobeira, mas era muito bom".

Sandra coloca o Instagram como uma plataforma para "comunicar, conhecer o gosto das pessoas e também assuntar a vida dos outros, pq não?". Dessa forma, ela adiciona uma camada que vai além do interesse pelas fotografias e pelos vídeos publicados, o que é reforçado quando diz que "gostava também de ver os *crushes*[68]". Sandra finaliza contando a respeito de uma dinâmica envolvendo os *crushes*: "a gente 'curtia' a foto para dar uma moral ou não curtia para não dar moral também. Via quem tava interessado em vc. Demonstrava interesse. Tudo isso. E de vez em quando arrumava uns encontros".

Existem alguns pontos de confluência e de conflito entre as respostas de Rafaela e Sandra. O primeiro deles é que ambas trazem o Facebook para comparar com o Orkut, mas Rafaela parece tratá-lo como algo vigente, que poderia ser usado como comparação, porque ainda está em funcionamento; já Sandra reforça que o Facebook não existe mais.

O aspecto mais lembrado por ambas a respeito do Orkut são as comunidades. Inclusive, é nesse espaço que as histórias relatadas se passam. Em uma análise do todo das respostas, é possível inferir que o Orkut tem uma aproximação mais afetiva com Rafaela e menos com Sandra. O oposto também acontece. Enquanto Sandra adjetiva o Instagram, Rafaela reforça que considera a plataforma uma perda de tempo. Os *emoticons* são, nessa afirmativa, utilizados para reforçar aquilo que ela menciona. É interessante perceber que o primeiro *emoticon* lembra fisicamente Rafaela, apesar de o cabelo da ilustração não ser encaracolado. Já Sandra não utiliza *emoticons* em suas respostas.

Figura 33 – Emoticons usados por Rafaela

Fonte: *emoticons* disponíveis nos sistemas Android

---

[68] Gíria usada para se referir a uma pessoa ou mais pessoas pelas quais se sente atração ou um interesse amoroso (DICIONÁRIO POPULAR, *online*, 2020).

É possível também conferir a ambas traços de nostalgia: em Rafaela, sobre o Orkut; e em Sandra, sobre o Instagram. Como diz Andreas Huyssen (2014, p. 91), "o significado primário de nostalgia tem a ver com a irreversibilidade do tempo: algo do passado deixa de ser acessível". Com essa irreversibilidade, Rafaela e Sandra expõem suas afetividades e lembranças em um cenário real, o fim do Orkut, e outro imaginário, o fim do Instagram. Como se dará o término do Instagram não se sabe, mas é provável que corresponda a um ato intencional, um esquecimento ativo (ASSMANN, 2008) — assim como aconteceu com o Orkut — causado pela balança de lucro negativa. Dessa forma, como pensar na preservação dos objetos digitais no Instagram?

5.4 PONDERAÇÕES SOBRE A PRESERVAÇÃO DOS OBJETOS DIGITAIS NO INSTAGRAM

Se o fim do Instagram é iminente, é válido ponderar sobre a preservação de seus objetos digitais antes de seu fim? Se sim, quais são as possibilidades? Pensar o que produzimos de informação hoje na plataforma como algo que pode vir a ser estudado no futuro como parte do passado parece distante da realidade. Porém, ao tratarmos esses objetos digitais como o resultado da produção imagética, textual, cultural, memorial e social de uma parcela da sociedade contemporânea, se pode imaginar um horizonte com muitas possibilidades de estudo.

Se voltarmos para a interação no processo de memoração dos objetos digitais no âmbito do registro, encontraremos questões de preservação de tais objetos e, portanto, desafios quando se fala em patrimônio digital dos objetos digitais no Instagram. O primeiro deles é a seleção. Não só *o que* selecionar, mas também *de quem* selecionar.

Existem diferentes tipos de perfis (pessoais, profissionais, institucionais, entre outros), o que amplia as possibilidades e, consequentemente, as dificuldades de seleção. Como estou tratando de perfis pessoais, é necessário lembrar que o *big data*, apesar de extrair o significado a partir de uma quantidade imensa de dados, serviria para um olhar mais quantitativo ou somente para uma primeira seleção, a partir de parâmetros definidos por quem pesquisa. Mas a escolha de parâmetros de filtro, por si só, já pressupõe uma escolha, uma seleção. E essa ação pode não considerar algumas sutilezas, perceptíveis no contato qualitativo com tais objetos e com os sujeitos que os criam.

Assim, a escolha de *o que* e *de quem* se volta também ao *quem seleciona* e *para quê*, uma vez que isso modifica o que será e o que não será preservado. Qual o propósito? Quais os interesses por trás dessa seleção? Qual o volume de informação a ser preservado? Qual o viés político? Quem financia? Qual é o grupo social que está fazendo essa seleção? Independentemente das respostas, sempre haverá um recorte e um interesse. Por mais isento que se tente ser.

O segundo desafio na tentativa de preservar objetos digitais no Instagram é a maneira, tanto de captação quanto de formato, de armazenamento. Como captar essa informação, tendo em vista que as interações (comentários, *likes*, mensagens) também compõem a complexidade envolta nos objetos digitais?

Pensar na captação e nos formatos respectivos (por exemplo, salvar a imagem no formato .jpg, .png, .bmp? Em CMYK ou RGB? Quantos bitmaps de resolução?) implica diretamente a quantidade necessária de armazenamento e as possibilidades de análise e de recuperação posterior. Uma imagem criada em 2007 com uma câmera de celular hoje apresenta uma resolução muito baixa, ou seja, possui qualidade reduzida, como mostra a Figura 34. A falta de definição da fotografia tende a ficar cada vez mais evidente com o aumento da resolução das telas e de sua qualidade.

Figura 34 – Fotografia feita com o celular em 2007 e suas propriedades técnicas

Fonte: arquivo pessoal da autora

Um outro desafio é o da preservação das *histórias*. O que se pode entender como primeiro passo é que esses objetos digitais mudariam sua duração. Um calendário, por exemplo, tem um caráter efêmero, de temporalidade limitada. Mas um calendário de tecido pode ter seu uso transformado se virar um pano de prato ao final daquele ano. De certa forma, essa ressignificação muda o seu status de efêmero. Um calendário de papel dificilmente teria um novo uso, além da reciclagem. Assim como o calendário, as *histórias* podem passar de um estado efêmero para outro, mais permanente.

Seriam como os documentos criados para a efemeridade, como aborda Nicolas Petit (2004), da *Bibliothèque Nationale de France*, responsável pela reserva de livros raros. Embalagens de papel para alimentos, folhetos de propaganda, cartazes para divulgação de serviços (como mostra a Figura 35), programas de espetáculos, papéis mata-borrão, entre outros, que não são criados para sobreviver além da mensagem, entram nessa categoria de documentos efêmeros. Segundo o autor, apesar disso, alguns acabam resistindo ao tempo e compondo os arquivos de bibliotecas e museus, passando pela coleta, catalogação e conservação.

Figura 35 – Cartaz de 1903 para divulgação de estúdio fotográfico

Fonte: L'ATELIER DES PHOTOGRAPHES DU XIX SIECLE, 2020, *online*

Mas, ao retirar as *histórias* do seu "habitat", é importante salientar, é subtraída a principal característica de sua funcionalidade, eliminando a diferença entre estas e as publicações no *feed*, inclusive para os usuários do Instagram. Além desse ponto conflituoso, existe o da preservação das interações entre usuários, parte importante de sua constituição.

O cenário ideal para resolver tantas demandas poderia ser a criação e a manutenção de um duplo da plataforma que também se atualizasse. Porém, isso parece inviável, uma vez que exigiria a manutenção de um local de armazenamento, de um servidor alocado para essa tarefa. Tal empreendimento exigiria um investimento muito alto, tanto no sentido de custo quanto no de estrutura tecnológica e pessoal para que a plataforma continuasse funcionando, mesmo após seu fim.

O Internet Archive (2019, *online*), iniciativa que captura automaticamente e arquiva páginas da internet, disponibilizando-as para consulta, fez a captação de algumas telas do Instagram que são comuns a todos os usuários quando a plataforma é acessada pelo computador. Dessa forma, somente algumas das partes fixas são arquivadas, enquanto os objetos digitais publicados pelos usuários, mesmos nos perfis públicos, são esquecidos. De acordo com Camila Guimarães Dantas, ao tratar sobre o acervo do Internet Archive, "[...] fica evidente a não totalidade deste acervo. Nem todas as páginas foram salvas, e as que estão incluídas estão longe de estarem completas" (2014, p. 100). Como o Instagram é acessado principalmente pelo aplicativo e este é diferente da versão acessada por computador, seriam duas perdas, a do conteúdo publicado pelos usuários e a do design/usabilidade da plataforma.

Uma outra possibilidade, talvez mais viável, seria a criação de uma rede de preservação com protocolos específicos para o trato de objetos digitais no Instagram. A captação e preservação seria, então, planejada, realizada e mantida a partir de diversos vetores e atores da sociedade para integrar múltiplos e importantes olhares, muitos deles invisibilizados. Davallon (2015) afirma que é necessária uma compreensão de que a memória também é um processo de produção e transmissão de saberes realizada pelos próprios integrantes do grupo.

De acordo com Beth Delaney (2015, p. 74, tradução nossa), a preservação digital consiste em pensar no gerenciamento do ciclo de vida desses objetos e nas operações envoltas nesse processo: "[...] aquisição, ingestão (interface entre o arquivo e os produtores de informação), criação de metadados, armazenamento, gerenciamento de preservação e acesso"[69]. A autora salienta que todas as pessoas envolvidas nessa cadeia de preservação são importantes, no que tange não só à tecnologia, mas também ao comprometimento das organizações envolvidas.

Segundo Davallon (2015), a memoração é o equivalente simétrico à patrimonialização, pois esta trata de uma prática de produção e transmissão "implicando, ao mesmo tempo, realidades materiais ou imateriais (aquilo que chamamos precisamente de patrimônio) e saberes relativos a esses objetos" (DAVALLON, 2015, p. 49).

---

[69] "[...] acquisition, ingest, metadata creation, storage, preservation management, and access" (DELANEY, 2015, p. 74).

Nessa instância, é importante diferenciar o que é patrimônio digital e o que é patrimônio digitalizado. A Unesco define o patrimônio digital a partir da carta sobre a preservação desse tipo de patrimônio, mencionada anteriormente, como os "recursos únicos que son fruto del saber o la expresión de los seres humanos"[70] (UNESCO, 2003, *online*), afirmando que eles são produzidos digitalmente ou a partir de processos de digitalização. A organização afirma que a efemeridade dos objetos digitais exige um trabalho específico de conservação.

Para Vera Dodebei e Cécile Tardy (2015), o patrimônio digital está vinculado a um objeto digital e a uma ferramenta que o faz funcionar. Já o patrimônio digitalizado faz referência a um objeto analógico existente e que é conservado por meio da sua digitalização. Ambos demandam um planejamento de conservação — pensando em condições de armazenamento, formatos dos arquivos, resolução das imagens, dispositivos que permitam executar o *software*, assim como preservar *software*s para executar os arquivos etc. — que proporcione um prolongamento da vida útil desses objetos digitais e de sua respectiva coleção. Segundo Dodebei,

> [...] a existência do patrimônio digital e sua permanência na memória virtual do mundo estarão intimamente ligadas às condições de preservação que forem proporcionadas por aqueles que se responsabilizarem pela inclusão e manutenção de um objeto na rede mundial. (2006, *online*).

Tendo em vista que não parece existir uma discussão sobre preservação dos objetos digitais no Instagram fora do meio acadêmico ou um pensamento global de preservação (nem mesmo após o que aconteceu com o Orkut), considero que alguns objetos digitais poderão continuar a existir com um possível fim do Instagram. Mas, por não estarem *no* Instagram, a dinâmica do próprio objeto e até suas características — como, por exemplo, o formato de arquivo — podem mudar. Para que fique mais compreensível de que modo entendemos a organização dos objetos digitais no Instagram, no próximo capítulo, seu ciclo de vida dentro da plataforma será mapeado.

---

[70] "Recursos únicos que resultam do conhecimento ou expressão de seres humanos" (UNESCO, 2003, *online*, tradução nossa).

6

A INSERÇÃO DA MEMÓRIA NO CICLO DE VIDA DOS OBJETOS DIGITAIS NO INSTAGRAM

O caminho percorrido até aqui mostra como são diversas as variáveis imbricadas na relação entre os objetos digitais no Instagram vistas sob a perspectiva da memória. Chegou a hora de unir os elementos, entendendo que cada aspecto é parte de um sistema complexo, articulado de forma única por cada usuário. A proposta central surge a partir de um paralelo com o artigo *Organization and complexity* de Edgar Morin e de seu conceito de *organização*[71].

Morin define organização como

> [...] uma estrutura de relações entre componentes para produzir um todo com qualidades desconhecidas para esses componentes fora da estrutura. Portanto, a organização conecta partes entre si e partes com o todo. Isso dá origem ao caráter complexo da relação entre as partes e o todo[72] (1999, p. 115, tradução nossa).

Segundo o autor, a organização pressupõe uma certa autonomia em cada parte, mas também uma dependência entre os elementos que a constituem, formando um elemento único e múltiplo ao mesmo tempo — elemento esse produzido, mantido e preservado por essa organização. Morin (1999) afirma que toda organização, de forma isolada ou justaposta, produz algo além de seus componentes.

Ele pontua três dessas produções, que chamará de *emergences* (no sentido de emergir): "(a) a própria organização; (b) a unidade global que constitui o todo; (c) as novas qualidades e propriedades

---

[71] É importante ressaltar que, nesse artigo, Morin articula o conceito de organização em relação ao saber científico, e não à cibernética como em outros estudos do autor.

[72] "[...] a structure of relations between components to produce a whole with qualities unknown to these components outside the structure. Hence, organization connects parts to each other and parts to the whole. This gives rise to the complex character of the relation between the parts and the whole" (MORIN, 1999, p. 115).

que emergem da organização e da unidade global[73]" (MORIN, 1999, p. 117, tradução nossa). Para Morin, "[...] qualidades emergentes têm feedback sobre as partes e dão a elas qualidades que elas não poderiam ter se estivessem isoladas do todo da organização[74]" (MORIN, 1999, p. 118, tradução nossa).

Ou seja, o todo depende da organização de seus elementos. O todo alimenta cada parte e cada parte alimenta o todo de acordo com suas qualidades como unidades e como todo. Dessa forma, qualquer mudança interna em um dos elementos modificaria o todo. O autor utiliza como exemplo de organização os isômeros, fenômeno no qual moléculas ou íons possuem fórmulas iguais, mas estruturas diferentes (WIKIPEDIA, 2020), como mostra a Figura 36.

Figura 36 – Isômeros com a fórmula molecular C_3H_6O

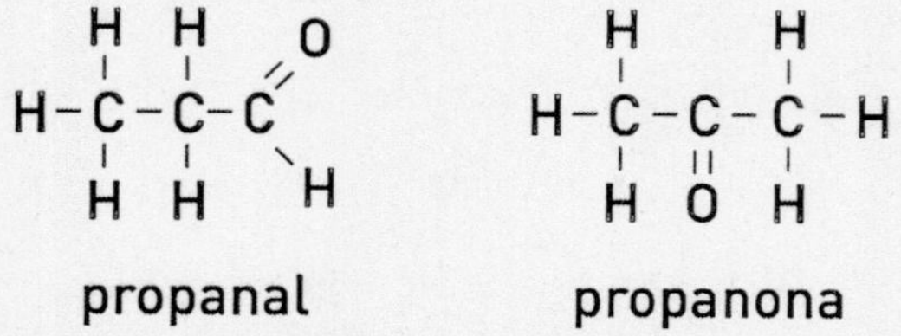

propanal   **propanona**

Fonte: a autora; com base em FOGAÇA, 2020, *online*

Como é possível ver na imagem, mesmo com elementos iguais — o carbono, o oxigênio e o hidrogênio —, a diferença na organização faz com que o resultado seja diferente. Enquanto o primeiro, propanal, tem como uso dar mais durabilidade à cor na indústria de tinturaria (WIKIPEDIA BRASIL, 2020, *online*); o segundo, propanona, é usado na indústria farmacêutica e também como solvente em tintas, esmaltes, vernizes (WIKIPEDIA BRASIL, 2020, *online*).

Com essa perspectiva de Morin sobre a ideia de organização, *entendendo os objetos digitais no Instagram como suportes e mediadores de memória, seu ciclo de vida só poderá ser completo se for organizado de tal forma que seu último estágio seja o do esquecimento.*

---

[73] "(a) the organization itself; (b) the global unit constituting the whole; (c) the new qualities and properties emerging from the organization and global unit" (MORIN, 1999, p. 117).
[74] "[...] emerging qualities have feedback on the parts and give them qualities that they could not have if they were isolated from the organizing whole" (MORIN, 1999, p. 118).

Para defender essa tese, é necessário, primeiro, entender a complexa trama que envolve os objetos digitais no Instagram em relação à memória para, em seguida, desenhar o ciclo de vida desses objetos. Para isso, relato a roda de conversa para a *digital friendnography* e, depois, retomarei alguns pontos importantes.

6.1 RODA DE CONVERSA PARA A *DIGITAL FRIENDNOGRAPHY*

A roda de conversa com as três participantes (Cecília, Rafaela e Sandra) ocorreu em uma tarde de domingo de setembro de 2019, e se estendeu até a noite. Chamo de roda de conversa em razão do caráter informal e fluido dessa dinâmica, que deixou as participantes mais à vontade para exporem suas opiniões. É importante salientar que, apesar da amizade com cada uma ter surgido de maneira diferente — Cecília, do trabalho; Rafaela, da dança; Sandra, da pós-graduação —, elas também já se conhecem há muitos anos e se sentem à vontade para conversar sobre qualquer assunto. Aliás, esta é uma das características que elas têm em comum: são mulheres inteligentes, sinceras e bem-articuladas, tanto nos assuntos superficiais quanto nos profundos.

Esse relato tem como intuito não o de descrever toda a roda de conversa, mas de destacar alguns pontos de discussão relevantes para pensar a relação entre a memória e os objetos digitais no Instagram. Para tal, seguirei os pontos já abordados, em vez de usar uma sequência de tempo, uma vez que muitos assuntos foram e voltaram durante a roda de conversa.

Começarei pelo tópico da imagem. Uma das primeiras falas de Sandra — reforçada posteriormente no exercício sobre o Orkut e o fim do Instagram — foi a de que ela gostava mais do Instagram do que das outras plataformas por causa das imagens. Já a relação imagética de Cecília com o Instagram vem da sua profissão como designer, bem como de um apuramento estético que, segundo ela, veio a partir de dois marcos. O primeiro foi um curso de coloração pessoal, no qual descobriu a paleta de cores que mais combinam com seu tom de cabelo e pele. Cecília afirma que depois do curso pensa mais sobre quais filtros e cores quer explorar nas fotos e nos vídeos. O segundo aconteceu a partir de uma mudança no olhar sobre si mesma. Ela relata: *"eu não postava muito, eu sempre tive problema com foto, nunca gostei de tirar foto, achava que não tinha jeito pra isso e tal. Aí quando comecei a andar com o pessoal do Tela Preta*[75]*, eu via as pessoas se preparando ao vivo pra tirar fotos e pensava: 'eu quero fazer isso'. Comecei, então, a fazer mais, é uma forma de se ver diferente, se você tem problema de autoestima; e aí você fica refletindo sobre as escolhas na hora de tirar uma foto".*

Já Rafaela afirma que não gosta muito das fotos dela, que não se acha fotogênica e que, quando sai para fazer alguma coisa, tira três ou quatro fotos no máximo: *"a fotografia é para registrar o momento. Tira a foto, vamos lembrar desse dia e vai ficar registrado".* Complementa dizendo que, se está com uma roupa que considera bacana, não para na frente do espelho para tirar foto, não tem esse costume.

É possível observar que cada uma tem uma relação diferente, principalmente quando se fala em autoimagem e exposição. Cecília afirma que já foi como Rafaela, mas que aprendeu a pensar nas imagens e que continua analisando as fotos de quem admira para entender como a pessoa fez para a foto ficar boa. Cecília reforça que essa mudança de olhar também veio com a possibilidade de encontrar representatividade no Instagram.

Aqui me aproximo de um lado positivo dos algoritmos quando ela diz: *"eu sigo só a galera preta e os meus amigos. Eu fico sendo abastecida o tempo inteiro por gente que faz eu me sentir bonita e representada porque a realidade não é assim".* Se os algoritmos reforçam nossos padrões de navegação e interação, eles acabam reforçando a representatividade. Cecília destaca que, por muito tempo, foi uma mulher preta que só teve amigos brancos por estar em um lugar de privilégio, mas que hoje isso está mudando.

Um outro ponto que os algoritmos não preveem (pelo menos por enquanto) são os usos diversos criados para compensar algo que a plataforma não oferece. Por exemplo, quando Sandra e Cecília afirmam que, para mostrar interesse amoroso em uma pessoa, se deve, em primeiro lugar, seguir essa pessoa no Instagram. Se a pessoa seguir de volta, o próximo passo é curtir três fotos antigas e aguardar que a pessoa faça o mesmo: uma espécie de código de flerte. Somente a partir dessa "certeza" de interesse mútuo, é que se inicia a conversa por mensagem de texto dentro do Instagram. Se a conversa continuar, ela poderá acontecer também na plataforma de mensagens WhatsApp.

---

[75] Canal do YouTube: http://www.youtube.com/channel/UCjGf601DuoKJagZLfPx2w9Q.

Compreendo essa transição entre plataformas a partir do conceito de *polymedia* (MADIANOU; MILLER, 2013), uma vez que a comunicação via Instagram e a via WhatsApp carregam diferentes graus de intimidade. Continuar a conversa no WhatsApp significa um nível mais profundo de intimidade, um sinal de que o relacionamento estaria mais sério.

Sandra diz que parou de ver *histórias* para não ter nenhum tipo de paranoia a respeito dos crushes: *"tá com quem? Tá fazendo o quê? Não vejo mais de ninguém, ninguém"*. Diz também que saiu do Tinder[76], mas que o Instagram ajuda no flerte e elimina o papo inicial de *"o que você faz, o que você gosta"*, porque já estaria tudo ali, exposto. Segundo ela *"não precisa ficar de conversinha fiada"*. Rafaela diz que publica mais quando tem interesse em alguém, que não tem normalmente vontade de postar.

Outro ponto abordado pelas participantes, a temporalidade, aparece na fala de Rafaela quando ela reforça o que disse anteriormente no exercício de imaginação, de que considera uma perda de tempo ficar no Instagram. Ela cita o exemplo de uma amiga que não está mais no Instagram e que disse para ela: *"Tô com muito mais tempo na minha vida pra fazer qualquer coisa do que ficar passando o dedinho pra ver as coisas dos outros, e ficar preocupada com quem é que viu, quem é que não viu"*. Sandra diz que às vezes quer ficar invisível, não quer postar nada, mas que, mesmo com essa vontade, ainda está lá.

Rafaela diz que fica 30 minutos ao acordar e 40 minutos ao dormir vendo o Instagram, *"mas se não estiver controlando o horário eu vou embora, fico vendo besteira"*. Ela também afirma: *"passo muito tempo vendo vídeos de forró"*. Vale frisar que o forró é uma parte importante na vida de Rafaela, e que ela atua como condutora em bailes desse estilo de dança no Rio de Janeiro.

Cecília diz que perde muito tempo vendo as *histórias* e que tem a sensação de que não existiria se não estivesse no Instagram: *"eu não vejo TV, não vejo jornal, eu fico sabendo o que está acontecendo com as pessoas no Instagram"*. Ela diz que está sempre vendo as *histórias*: *"qualquer segundo que eu estou fazendo nada, eu estou vendo os stories [...] é porque eu sou muito só, é uma forma de ver o que tá acontecendo, de*

---

[76] Aplicativo de relacionamento e paquera, no qual é necessário que ambos os perfis cliquem em coração (ou deslizem para a direita) para iniciarem uma conversa. Para saber mais: https://www.help.tinder.com/hc/pt-br/articles/115004647686-O-que-%C3%A9-o-Tinder-.

ter companhia. Tem também muitos temas, tem o lance da militância negra que eu sigo que é legal".

Uma pessoa que publica um conteúdo e espera o engajamento das outras pessoas pode considerar uma eternidade até que esses *likes* apareçam. Cecília relata que publica a *história* e fica "*contando os minutos, os segundos, pra ver se já atualizou*", já que, nas *histórias*, é possível saber quem assistiu. Ela complementa que se sente angustiada quando as pessoas demoram para ver a *história* ou interagir. Ela também menciona que se sente frustrada quando o número de visualizações não é o esperado. Já Rafaela diz não dar conta da quantidade de coisas que aparecem e da velocidade em que elas desaparecem. Menciona que às vezes quer achar um conteúdo e não consegue, porque o volume de publicações novas é muito grande. É a sensação de nunca terminar de ver tudo o que se apresenta, pois há novos objetos digitais sendo publicados a cada segundo.

Cecília comenta que quando começou a olhar esteticamente para o que queria publicar ficou mais observadora e presente: "*os stories acho que é muito do olhar, de ficar prestando atenção, no presente mesmo*". Entendo aqui que existe um prolongamento do tempo vivenciado na preparação da imagem antes da criação do objeto digital no Instagram.

Já em relação ao arquivamento dos objetos digitais, Sandra afirma que já arquivou muitas imagens do seu perfil por achar que se expôs demais. Cecília comenta sobre a possibilidade de salvar as publicações de outros usuários: "*tem a pastinha de salvos no Instagram também, tem umas coisas que eu nunca olho*", mas que tem como prática salvar o que vai publicar depois nas *histórias*: "*salvo textos, imagens que eu acho que são legais, mas não posto na hora necessariamente*".

Rafaela diz que o ato de salvar as publicações não garante que ela verá novamente: "*é muita informação todo dia e, quando você salva, pensa que qualquer dia desses vai ver. Mas a cada hora tem informação nova. Você tá com sono e salva pra ler amanhã. Amanhã? Amanhã já foi*". Sandra diz que é possível criar subpastas e Rafaela diz que não sabia. Cecília diz que as coisas que ela salva estão todas numa pasta só. Então, se existe o arquivamento e o usuário não usa a publicação posteriormente, seja como ressignificação, seja como suporte de memória, há o esquecimento de que esse objeto digital no Instagram existiu.

Quando discutiram sobre o Instagram ser um local de exposição, Cecília diz que o Instagram é um automarketing. Ela complementa que já teve vontade de sair, mas reforça novamente que não estar no Instagram é *"como se você não existisse"*. Rafaela comenta que, no Instagram, as pessoas só publicam coisas legais, mas Cecília discorda e argumenta que no *feed*, sim, mas que nas *histórias* as pessoas postam mais coisas engraçadas e até o lado ruim. Afirma que os erros têm até um valor, que acontece de, algumas vezes, *"reclamar, militar, mandar indiretas"*. Sandra afirma que é como se fosse um contrato invisível, pois *"todo mundo sabe que a vida de ninguém é perfeita"*. Cecília concorda e complementa: *"não me sinto socialmente obrigada a seguir todo mundo que me segue, pra mim é como um Pinterest[77] pra ver coisas bonitas"*.

Quando perguntadas sobre o fim do Instagram, Rafaela diz: *"tudo que a gente posta é bem selecionado, são as partes mais importantes, então, seria mais uma parada de nostalgia, de saudade do que passou"*. *"Se o Instagram acabasse teriam que inventar outra coisa"*, complementa Cecília.

6.2 O CICLO DE VIDA DOS OBJETOS DIGITAIS NO INSTAGRAM

Retomando, o Instagram é uma plataforma (VAN DIJCK; POELL; DE WAAL, 2018) e, como tal, possui uma arquitetura digital programável desenhada para organizar as interações entre os diferentes tipos de usuários, coletando, processando algoritmos, monetizando sistematicamente e fazendo circular os dados — e informações, segundo diferenciação de Logan (2012) — dos usuários.

Essa plataforma, como já foi abordado, é, em uma visão macro, um objeto digital constituído por outros objetos digitais, como a imagem, principal apelo comercial do Instagram (INSTAGRAM, 2019). O Instagram foi detalhado como uma plataforma que apresenta partes fixas (parte estrutural e imutável de usuário para usuário) e voláteis (parte que contempla os próprios objetos digitais e as interações entre os usuários).

Os objetos digitais são entendidos como objetos mediadores de memória (VAN DIJCK, 2007) e, estruturalmente, a partir da perspectiva de Ferreira (2006), que complementa a visão de Thibodeau (2002). Para o autor, os objetos digitais se constituem como um fluxo formado pelo

---

[77] Pinterest é uma plataforma para encontrar "ideias e referências" (CASAROTTO, 2020, *online*).

objeto físico (*hardware*), objeto lógico (*software* e algoritmos), objeto conceitual (formas digitais, mas reconhecíveis pelos humanos, como o desenho da engrenagem que significa um local de manutenção, as configurações) e objeto experimentado (o objeto interpretado individualmente).

    Compreendendo todo o percurso deste texto, percebi que seria preciso acessar a memória humana e outros registros baseados nas lembranças para oferecer aos pesquisadores um contexto capaz de se aproximar da tradução de um recorte da sociedade que utiliza a plataforma Instagram. Existe algo das relações humanas, dos afetos, que, pelo menos por enquanto, a máquina não é capaz de traduzir. Cabe a nós, seres humanos, traduzir o ser. Assim, conforme a Figura 37, proponho a seguinte estrutura para conectar os objetos digitais no Instagram e a memória:

Figura 37 – Componentes na relação entre os objetos digitais no Instagram e a memória

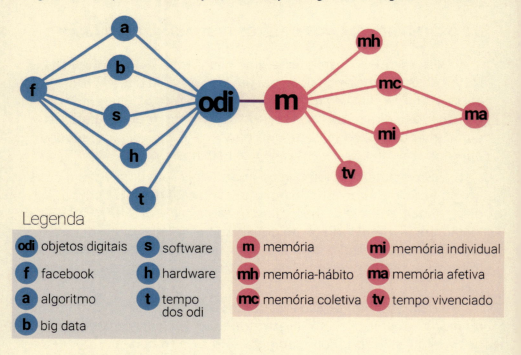

Fonte: DAMIN, 2020, p. 128

No lado esquerdo, está o Facebook (atual *Meta Platforms*), empresa proprietária do Instagram, que é a responsável pelo funcionamento geral da plataforma e pelas decisões gerenciais. Interligadas ao Facebook, as estruturas materiais e imateriais que fazem o Instagram, funcionalmente e visualmente, ser o que é hoje.

Assim, temos algoritmos, *big data*, *software*, *hardware* e o tempo dos objetos digitais. Todos esses elementos formam os objetos digitais no Instagram. Estes, por sua vez, estão ligados à memória, que é acionada em suas categorias conceituais. Dessa forma, destaco a memória-hábito, a memória coletiva e a memória individual, conectadas pela memória afetiva, e o tempo vivenciado como uma instância dessa relação.

Ou seja, para existir o todo (MORIN, 1999) do ciclo de vida de um objeto digital, sua organização depende de muitas variáveis, muitas delas imprevisíveis, em suas unidades. O objeto digital é um suporte de memória instável e que codepende de quem o cria ou de quem estabelece uma relação com ele. Ele é instável no sentido de que, mesmo dentro da própria plataforma, pode ser arquivado, deletado ou sofrer algum tipo de interação (comentário, por exemplo), que faz com que a relação entre o usuário e sua lembrança a respeito desse objeto mude.

A hipótese de que é possível integrar os elementos dessa relação ao entendermos que a memória é importante em suas categorias conceituais (memória-hábito, coletiva, individual e afetiva) se confirma. Mas ela ganha novos contornos ao percebermos que uma proposta de ciclo de vida integrando a memória deve levar em consideração não só a lembrança, mas, principalmente, o esquecimento, pois, sem ele, não é possível encerrar esse ciclo.

Com o intuito de defender a tese de que: *entendendo os objetos digitais no Instagram como suportes e mediadores de memória, seu ciclo de vida só poderá ser completo se for organizado de tal forma que seu último estágio seja o do esquecimento*; considero o ciclo de vida dos objetos digitais no Instagram como uma organização complexa que integra tanto a parte maquínica quanto a humana em uma relação de retroalimentação. Dessa forma, se um dos itens da organização desse ciclo de vida é retirado ou sofre alguma modificação, o todo também é alterado. Esse ciclo de vida se refere ao objeto digital publicado no Instagram, seja ele original, seja ele modificado, na perspectiva de quem o cria.

Sendo o Instagram voltado para a publicação de imagens (INSTAGRAM, 2019), cada imagem gerada na plataforma é um objeto digital em um desdobrar entre o corpo e a imagem por meio da imaginação (WULF, 2013), que se apresenta a partir de uma ação criadora. Porém, existem, além da imagem, outros aspectos que envolvem os objetos digitais no Instagram e que precisam ser revisitados de forma integrada e relacionada. Dessa forma, os aspectos da lembrança e do esquecimento estão inseridos nos diferentes pontos já abordados nos capítulos anteriores para que se tenha, ao final, a representação gráfica do ciclo de vida dos objetos digitais no Instagram.

Ao pensarmos na divisão de Thibodeau (2002) complementada por Ferreira (2006), o uso da plataforma Instagram se dá pelo contato com os objetos físicos, o *hardware* do *smartphone*, e acontece através dos objetos lógicos, nos quais os diferentes *softwares* (o teclado virtual, o próprio Instagram etc.) se comunicam com o *software* principal, ou seja, o sistema operacional (Android, iOS). Os objetos conceituais (ícones, botões, funcionalidades) são empregados nessa "conversa" entre *hardware* e *software* de forma a serem utilizados pelos usuários para a criação de objetos experimentados.

Esse ato de criação pode ser considerado uma atualização da duração, em que o presente se move para o passado, em uma memória-lembrança e, em direção ao futuro, em uma memória-contração (BERGSON, 2005, 2010, 2011; DELEUZE, 1999). Dessa forma, o contato com o objeto experimentado acontece durante o ato de criação com o uso das ferramentas que a plataforma disponibiliza, e no retorno à criação (em uma duração atualizada), através do mecanismo da lembrança de um objeto digital outrora esquecido.

A manipulação das partes fixas da plataforma com as ferramentas disponibilizadas direciona o resultado da criação às partes voláteis, preenchendo espaços previamente planejados para tal, como a área do *feed*, por exemplo. Nesses espaços, outros usuários entram em contato com os objetos digitais por meio da visualização e podem interagir de diferentes formas, curtindo, comentando, iniciando uma mensagem a partir de uma *história*, entre outras.

Tanto a criação dos objetos digitais quanto a interação e o uso subsequente criam padrões que são armazenados e mapeados pela plataforma. O uso estratégico desses rastros digitais alimenta o conhecimento que o Instagram tem de cada usuário, fazendo com que a plataforma conheça os gatilhos para aumentar seu engajamento e seu tempo de utilização. Desvendando esses padrões coletados, organizados e sistematicamente analisados, a plataforma segmenta sua base de usuários de forma que os anunciantes consigam oferecer seus produtos e serviços a consumidores em potencial.

Por meio dos algoritmos, o Instagram direciona/escolhe o que será mais visto pelo usuário, selecionando o que será lembrado. E, se o ato de criação é a atualização da memória (BERGSON, 2005, 2010, 2011), a plataforma influencia não somente no que se lembra, mas também no que é esquecido (silenciado), e ainda em *o que* se cria, no *como* se cria (memória-hábito) e no *para quem* se cria, já que o algoritmo privilegia a visualização dos objetos digitais das pessoas com que o usuário mais interage.

As diferentes temporalidades também causam impacto na interação/uso dos objetos digitais no Instagram e em sua relação com a memória. A marcação de data nas publicações as coloca em uma linha de tempo cronológica dentro do perfil e sinaliza, de forma visível, a passagem do tempo. Ela também pontua, em um fluxo informacional constante dentro do *feed*, o volume de publicações com a mesma data. A plataforma atravessa o ato de lembrar ao sugerir publicações antigas para que sejam vistas e facilmente compartilhadas, tornando o objeto digital um suporte e mediador de memória.

Uma segunda temporalidade se apresenta nos objetos digitais no Instagram quando a perspectiva se volta às dinâmicas de visualização e arquivamento das publicações. Nessa situação, o embate entre a lembrança e o esquecimento aparece na relação entre as funcionalidades (transmissão ao vivo, *histórias*, *feed* e IGTV) e seu tempo de visualização (uma hora, 24 horas ou indeterminado). O deslocamento de um objeto digital de uma instância temporal para a outra acontece a partir da mudança de funcionalidade.

Quando uma *história*, por exemplo, é inserida em uma coleção nos destaques do perfil, sua visualização e permanência mudam. Se, antes, essa *história* estava armazenada no arquivo morto, seu acesso era mais difícil e exigia que o usuário a procurasse entre outras *histórias* ali armazenadas, o que favorecia o esquecimento de sua existência. Com o deslocamento do arquivo morto para os destaques no perfil, o objeto digital passa a estar mais visível e, portanto, confirma sua condição de suporte e mediador de memória.

A terceira temporalidade que se manifesta ao tratarmos dos objetos digitais no Instagram é o tempo vivenciado, que está ancorado nas memórias individuais — através do pensamento de Bergson (2005, 2010, 2011) — e nas memórias coletivas — sob a perspectiva de Halbwachs (2006, 2013). Enquanto o primeiro entende que o passado se contrai atualizado no presente em uma memória que reside no indivíduo, o segundo aborda a memória em uma visão sociológica, que depende de um corpo social e coletivo para existir.

Essas perspectivas se alinham pelas memórias mediadas (VAN DIJCK, 2007), que, na relação entre nós e os outros por meio dos objetos digitais, criam e recriam o sentido temporal de passado, presente e futuro, intermediando o individual e o coletivo. Outro tópico em comum entre Bergson e Halbwachs reside no afeto que permeia as lembranças, seja no âmbito do indivíduo, seja no dos grupos aos quais se pertence.

Outros dois pontos que perpassam a temporalidade vivenciada são a sensação de velocidade e de efemeridade. A sensação de velocidade se deve ao volume informacional crescente que faz com que o *feed* seja constantemente atualizado com novas publicações. Já a sensação de efemeridade se apresenta de maneira mais aparente nas funcionalidades vinculadas à instantaneidade, como as transmissões ao vivo, por exemplo. Porém, muitas vezes, o objeto digital não está aparente para os usuários que o visualizam e para quem o publicou continua existindo, mesmo que arquivado. Dessa forma, o que muda é a relação entre permanência e efemeridade, principalmente para os usuários externos, que não têm acesso a esses objetos arquivados.

A dinâmica de salvar a publicação de outros usuários ou arquivar as próprias publicações faz com que se tenha um esquecimento deliberado. Quando propositalmente deletada, a publicação entra no estágio de esquecimento ativo (ASSMANN, 2008), deixando de ser suporte e mediador de memória. O que resta, além dos rastros digitais capturados pela plataforma ou pelos dispositivos usados (*smartphones*, *tablets*) para acessar o Instagram, são os rastros memoriais, frágeis e em iminente desaparecimento.

Se há a dependência da memória, já que o objeto digital em sua totalidade não existe mais e, portanto, o processo de acumulação — na concepção da memoração (DODEBEI, 2015), segundo a qual existe o acúmulo de memórias artificiais por objetos auxiliares da memória individual — acabou, permaneceria apenas a dissolução. Nesse processo, o usuário poderia ter em seu grupo social o auxílio da lembrança, mesmo que esta tenha sido incorporada e modificada.

Mesmo no caso da implantação de políticas de preservação externas, sem um duplo total da plataforma, existe a perda não só dos objetos digitais, mas de toda a interação que os envolve. A captura de telas de usuários na plataforma por si só já gera um outro objeto digital, uma imagem da publicação. Mesmo que essa captura origine um vídeo da publicação — seja ela uma fotografia, ilustração ou vídeo —, ela não é a publicação em si. A integração do objeto digital com os usuários, em uma dinâmica viva de interação, se perde. Retirar esses objetos de seus locais de funcionamento — como é o caso de aplicativos que permitem o *download* das *histórias* de outros usuários ou do próprio salvar do usuário que a publicou — faz com que seu contexto de efemeridade ou permanência seja alterado.

A preservação dos objetos digitais seria uma tentativa de combate à perda desses objetos e, consequentemente, ao esquecimento. Como diz Paul Ricoeur, "é como dano à confiabilidade da memória que o esquecimento é sentido. Dano, fraqueza, lacuna. Sob esse aspecto, a própria memória se define, pelo menos em uma primeira instância, como luta contra o esquecimento" (2007, p. 424). Se esquecer é combater a memória, me aproximo da ideia de que a lembrança, enquanto atualização de um passado no presente, mantém o objeto digital no Instagram vivo enquanto lembrança dele. Assim, se não há mais lembrança e, portanto, o esquecimento prevalece, o esquecimento é o fim desse objeto digital.

Com essa linha de raciocínio em mente, articulo como a memória se faz presente no ciclo de vida dos objetos digitais no Instagram (Figura 38). Para tanto, é necessário retomar que os objetos digitais no Instagram são entendidos como suportes e mediadores de memória.

Figura 38 – O ciclo de vida dos objetos digitais no Instagram

Fonte: DAMIN, 2020, p. 133

Na *fase um*, o objeto é criado em um processo de ativação de diferentes camadas conceituais da memória, como a memória individual, coletiva, afetiva e a memória-hábito em um tempo vivenciado. Seja do movimento dos dedos na escolha dos filtros (em uma memória-hábito), ao motivo fotografado (que pode ser tema de afeto e traz consigo uma memória social), o ato criativo atualiza individualmente a memória no presente (BERGSON, 2010, 2011, 2005) em um movimento de contração do passado.

E, ao mesmo tempo em que as funcionalidades são as mesmas, a criação dos objetos digitais depende do ato criativo do usuário e de sua familiaridade com as ferramentas existentes na plataforma Instagram. Os objetos digitais, considerados por Van Dijck como mediadores de memória, são tanto cenários documentais quanto reconstruções criativas do que aconteceu (VAN DIJCK, 2007). Então, o ato criativo também se presentifica na próxima fase.

Caso o objeto digital seja criado no Instagram (passando pela segunda fase), mas salvo no próprio celular para ser publicado depois nessa ou em outra plataforma, ele não corresponde à trajetória que traço, pois segue outra lógica. O mesmo ocorre para o objeto que foi descartado antes da publicação.

Na *fase dois*, está a interação e uso do objeto digital no Instagram, como, por exemplo, os *likes* e comentários dos outros usuários. Como visto anteriormente, os algoritmos direcionam o que é visto com base em padrões — de navegação, *likes*, geolocalização, pesquisa, entre outros. Esses padrões são sinalizados pelo usuário, de forma direta e indireta, por meio das informações e dados que compartilha e dos rastros digitais que deixa.

Devido a isso, os algoritmos podem impactar a criação das lembranças, já que eles filtram o que será acessado, deixando o usuário em contato apenas com a sua "bolha". Dessa forma, o ciclo de vida mostra que, ao influenciar a *fase dois*, os algoritmos podem interferir no ciclo, fazendo com que ele (re)comece a partir dessa perspectiva de uma memória direcionada, voltando à *fase um*.

Já na *fase três*, existe a ação deliberada de apagamento (o *delete*) — em um fluxo contrário ao da acumulação visto no processo de memoração — ou de arquivamento. No caso do arquivamento, os objetos digitais entram em um período de suspensão, no qual não há nenhum tipo de interação por parte dos usuários externos. Nas *histórias*, por exemplo, o objeto digital passa a integrar o arquivo morto.

A partir do arquivamento ou do apagamento do objeto digital no Instagram, existe um período de esquecimento. Independentemente se esse período é longo ou curto, mesmo que ele seja lembrado logo em seguida, o esquecimento é a ponta final de seu ciclo de vida. O esquecimento, a morte do objeto digital, está inserido como componente, como *unidade*, de sua vida. Considerando que as imagens publicadas no Instagram podem ser deletadas, mesmo que existam duplos dessas fotos, ilustrações, vídeos, estes constituem um outro objeto digital. Se estiverem em uma outra plataforma (como o Facebook, por exemplo), possivelmente apresentam um outro ciclo de vida.

Outro ponto a ser destacado é o de que não existe uma tradição oral, no sentido tradicional, a respeito do objeto digital no Instagram; nem um saber fazer (ou uma performance referente a um saber) como acontece com o patrimônio imaterial. O objeto digital como mediador de memória age dentro de um ciclo de vida que permanece vivo enquanto há a lembrança.

Mesmo a ressignificação (entendida como um objeto reciclado de sentido) não mantém o objeto. Como o nome mesmo diz, existe um novo significado atribuído a ele e, dessa forma, algo diferente do original surge: um novo objeto digital. Assim como acontece com os restos (DEBARY, 2017) que se libertam de uma função utilitária para se transformarem em outra coisa, tem-se um outro todo com outras unidades constituintes.

Mesmo quando o objeto digital criado no Instagram transita em outras plataformas (sendo compartilhado no WhatsApp, por exemplo) ou quando ele é preservado por meio de um vídeo ou fotografia, ele não é nem o original e nem o modificado, é outra coisa. Ele é outra coisa porque o processo lógico, do *software*, e físico, do *hardware*, é outro. Pensar na reciclagem, na remixagem desses objetos digitais no Instagram também altera seu curso de uso em outra coisa, fazendo com que o ciclo de vida se encerre quando isso acontece.

Quando não há mais o objeto digital no Instagram e, portanto, não há mais o suporte e mediador de memória, cria-se uma dependência da ordem do corpo, do humano, para que o objeto exista na instância da lembrança. Mesmo que existam restos e rastros dos objetos digitais no Instagram, eles não são o todo dos objetos, mas, sim, uma unidade que dependeria da memória para ser atualizada. Quando isso ocorre, o ciclo recomeça, porém, como não há mais o objeto na plataforma — especialmente no caso do apagamento —, ele não apresenta mais as fases de interação/uso e de arquivamento/*delete*. O ciclo de vida se inicia e se encerra na memória, como lembrança atualizada no presente ou como esquecimento.

7

CONSIDERAÇÕES FINAIS

Há muito campo a ser explorado na relação entre a memória e os objetos digitais, estejam eles inseridos em plataformas ou em outros suportes (que talvez ainda não conheçamos). Este texto não se fecha em si e existem inúmeras perspectivas que não foram tratadas aqui. A própria mutação, característica da plataforma, faz com que este documento já seja um suporte de memória. E ainda bem! Porque as próximas pesquisas poderão usá-lo como um comparativo do que o Instagram é(ra).

No trajeto deste livro, comecei tratando das diferentes definições dos objetos digitais, dando especial atenção à proposta por Ferreira (2006) — que divide os objetos digitais em objetos físicos, lógicos, conceituais e experimentados — e à Van Dijck (2007), que entende os objetos digitais como mediadores de memória. Também abordei a imagem, principal foco do Instagram (INSTAGRAM, 2019), como representação e criação.

No objeto experimentado, entendendo que os objetos digitais são compostos por materialidade e imaterialidade, está, em primeiro lugar, o experienciar do Instagram por meio das lentes do *big data* (IBM, 2019; MAYER; CUKIER, 2019) — que transforma os dados e as informações em conhecimento (LOGAN, 2012) — e dos algoritmos (GILLESPIE, 2014), que personalizam a plataforma para o usuário, filtrando para que ele veja, interaja e consuma de acordo com suas preferências, estimulando o acesso e impulsionando a monetização do Instagram. Essa é uma "bolha" criada para que o usuário alimente continuamente a plataforma, ao mesmo tempo em que ela se abastece de dados e informações para, mercadologicamente, deixar os algoritmos cada vez mais precisos.

Como decorrência do que chamei de estruturas (in)visíveis[78] do Instagram, mapeei um possível direcionamento memorial, ou seja, o

---

[78] Jogo com as palavras "visível", "invisível" e "*in*", que, em inglês, tem como um de seus significados a palavra "dentro".

usuário se lembraria dos objetos digitais no Instagram a partir de um filtro criado pela plataforma. Outro ponto que relaciono com o impacto à memória diz respeito aos movimentos dos dedos para controle do Instagram que, com o tempo, podem gerar uma nova memória-hábito (BERGSON, 2010) ao corpo, que realiza tais ações motoras sem pensar.

Também aponto o uso do *big data* pela plataforma para comercialização de produtos e serviços dentro do Instagram, mas que podem chegar a outros dispositivos, outrora conhecidos como analógicos. Porém, existem iniciativas que buscam olhar para os dados não apenas como moeda, caso da obra *Good Data* (DALY; DEVITT; MANN, 2019) e seu manifesto.

Um outro ponto discutido na relação entre os usuários e os objetos digitais no Instagram são as diferentes maneiras de contato com o tempo. Foram identificadas três distinções de temporalidade: tempo cronológico, tempo dos objetos digitais e tempo vivenciado. O primeiro, tempo cronológico, trata da divisão matemática e ocidental do tempo, como datas e horários retratados nas publicações e mensagens. O segundo, tempo dos objetos digitais, aborda as temporalidades criadas pela plataforma em relação às funcionalidades disponíveis, como, por exemplo, o prolongamento da exposição das *histórias* de 24 horas para tempo indeterminado quando estas são adicionadas aos destaques (coleções) no perfil. Por fim, o terceiro, tempo vivenciado, aponta uma relação entre a memória experienciada pelos usuários através dos objetos digitais no Instagram a partir do afeto, em uma aproximação entre Halbwachs (2006, 2013), com a memória coletiva, e Bergson (2005, 2010, 2011), com a memória individual.

Todo o trajeto, até então, tratou o Instagram como uma plataforma vigente. Porém, para entender panoramas viáveis da relação entre a memória e os objetos digitais no Instagram, propus possíveis cenários para o fim do Instagram. Para reforçar o entendimento da relação entre o ato de registrar e a memória, utilizei o conceito da memoração, que compreende a memória social como um processo analisado pela perspectiva da sociedade em relação ao espaço, ao tempo, à criação e à linguagem (DODEBEI; TARDY, 2015). O processo de memoração (DODEBEI, 2015) é composto por: dissolução (memórias de natureza não cumulativa e processual), acumulação (acúmulo de objetos auxiliares de memória contendo registros da memória individual em suportes analógicos) e interação (combinação da dissolução com a acumulação, onde a produção de memória ocorre na interação humano-máquina).

Nesse fluxo de memórias mediadas pelos objetos digitais no Instagram, em uma plataforma que rastreia e armazena as ações dos usuários, rastros digitais propositais e involuntários (como os denominei) são deixados. Bruno (2012) define rastros digitais como o que fica de vestígio quando os indivíduos realizam uma ação na internet e afirma que estes são potencialmente recuperáveis. Já os rastros memoriais não seriam intencionais, segundo Gagnebin (2006, 2012), são esquecidos, abandonados e sua fragilidade reside na possibilidade de apagamento ou na impossibilidade de identificação.

Em um cenário de fragilidade dos rastros, fiz um paralelo entre o provável fim do Instagram e o fim do Orkut, que encerrou suas atividades em 2014. Além das fotos a que os usuários tiveram acesso para *download* até 2016, o que se encontra hoje são restos dos objetos digitais que, ao perderam sua utilidade, se transformaram em outra coisa (DEBARY, 2017). Como exercício de pensamento, foram feitas perguntas, via formulário do Google, às participantes da *digital friendnography* com o intuito de comparar as lembranças a respeito do Orkut e do Instagram. Em um cenário fictício, elas deveriam contar sobre ambos para uma neta, 50 anos mais nova. As respostas permitiram ver a relação afetiva e memorial díspar de Rafaela e Sandra.

Com esse exercício, foi possível pensar em um fim do Instagram a partir de um esquecimento ativo (ASSMANN, 2008) como ponto de partida para refletirmos sobre a preservação dos objetos digitais. O primeiro desafio encontrado foi a respeito da seleção, não só acerca de *o que* selecionar, mas *de quem*, considerando os diferentes tipos de perfil existentes. Concluí que a escolha de *o que* e *de quem* se volta também ao *quem seleciona* e *para quê*, já que isso modifica a seleção do que será preservado.

O segundo desafio se refere à captação e formato dos arquivos, pela multiplicidade de opções e pela dificuldade de captação dos objetos digitais fielmente. Dessa forma, sugiro que o cenário ideal de preservação seria a criação de um duplo do Instagram. Porém, a alternativa mais realista seria a criação de uma rede com protocolos específicos para o trato de objetos digitais na plataforma. O patrimônio digital é, então, inserido a partir da carta sobre a preservação do patrimônio digital da Unesco (2003) e de Dodebei (2006), entendendo que não há uma discussão uniforme e relevante a respeito da preservação dos objetos digitais no Instagram fora do meio acadêmico.

Após essa discussão, trago a roda de conversa que aconteceu entre as participantes da *digital friendnography*, para chegar ao ciclo de vida dos objetos digitais no Instagram, entendendo que ele se divide em quatro fases. A *fase um* se caracteriza pela criação do objeto digital, entendido como um processo de ativação de diferentes camadas conceituais da memória, como a memória individual, coletiva, afetiva e a memória-hábito em um tempo vivenciado. A *fase dois* é a de interação e uso dos objetos digitais, em que os padrões deixados pelos rastros digitais dos usuários são usados para alimentar os algoritmos e, dessa forma, direcionar o que é visto pelos usuários. Assim, entendo que existe uma interferência dos algoritmos que influencia no que será lembrado. Com essa perspectiva de uma memória direcionada, o ciclo de vida pode (re)começar, voltando à *fase um*.

Já a *fase três* aborda a ação de apagamento ou de arquivamento, sendo que, no primeiro caso, existe uma dependência da memória do corpo (já que não existe mais o objeto digital) e, no segundo caso, ficam em um período de suspensão, quando não existe interação dos usuários externos. Ambos entram em um período de esquecimento, a *fase quatro*, que, mesmo que curta, caracteriza o fim do ciclo de vida dos objetos digitais no Instagram. Caso o usuário se lembre do objeto digital, sua memória se atualiza e retoma o ciclo na *fase um*. Se o objeto digital tiver sido apagado, não é possível passar pelas fases *três*, de interação e uso, e *quatro*, de arquivamento ou *delete*. Dessa forma, o ciclo só acontece entre as fases *um* e *quatro*. Entendo que a lembrança mantém o objeto vivo, enquanto atualização de um passado no presente. Portanto, se não há mais lembrança, o fim do objeto digital no Instagram ocorre com o esquecimento.

Por fim, quero dizer que, se estudar o presente já é tratar de passado (BERGSON, 2010, 2011, 2005), não me resta nenhuma dúvida de que este texto busca sua atualização desde seu término. Porque ele continua como processo, como fluxo, como intenção. Outros olhares terão outras sugestões, nem melhores, nem piores, mas diferentes, complementares. É isso que quero: que ele suscite discussões enriquecedoras. E, assim, esta pesquisa ganhará novos fôlegos, pois entendo, com muito carinho, que este livro já é passado, já é memória.

8

POSFÁCIO, PÓS-TESE E PRÉ-LIVRO

A tese de doutorado que é o material-base deste livro foi defendida em fevereiro de 2020. Em março de 2020, iniciou a pandemia de Covid-19. Tive a sorte de conseguir defender com a presença de amigos e familiares, incluindo minha mãe e prima, que vieram cada uma de um estado diferente. Pude vivenciar o abraço apertado, o conforto nos olhares de apoio e a comemoração cheia de afeto. Muitos amigos e colegas da minha turma, duas semanas depois, acabaram fazendo suas defesas já no modo *online*.

E, então, em março de 2020, a vida que se conhecia mudou. Já não era o caso de lidar somente com o vácuo que surge após a finalização desse projeto tão importante, ao qual me dediquei com carinho e afinco por quatro anos. Lembro dos planos de, depois de defender a tese, viajar, encontrar os amigos, fazer coisas novas e outras antigas que tinha vontade, mas que ficaram no modo de espera. Mas não foi bem assim, como bem sabemos. Adaptação aos protocolos de higiene, máscara, álcool em gel, o pavor de não saber o que iria acontecer comigo e com quem amo. Quando eu poderia viajar para ver minha família novamente? Respira, Marina. Vamos adiante, um dia de cada vez.

E, assim, devo à pandemia o grande intervalo entre o início da criação deste livro e sua publicação. Medos e ansiedades formaram um panorama de dúvidas nesses dois últimos anos, incluindo o período em que fiquei brevemente hospitalizada por conta do vírus. Dentro dos inúmeros quadros terríveis, tive novamente sorte, pois meu caso não era grave. Me fechei durante o isolamento no hospital, parecia que falar sobre a doença tornava tudo mais real. Mas eu tive uma rede maravilhosa, que entendeu meu silêncio e fez de tudo para que eu desse a volta por cima. Felizmente a vacina chegou, mas algumas sequelas se mantiveram durante meses pairando no ar. Uma das principais foi o esquecimento. Veja só que ironia, logo eu que trabalho com a questão do esquecimento.

Palavras, frases e acontecimentos desapareciam. A linguagem não alcançava o que gostaria de dizer. Coisas que antes eram fluidas e prazerosas, como a transformação da tese em livro, viraram um peso a mais para carregar. Mas, calma, esta não é uma história triste. Passou! Digo isso, não para que você que está lendo tenha algum tipo de pena, e sim porque acho importante me colocar aqui, neste sonho materializado, com todas as minhas forças e falhas, com as pedras que surgiram no caminho, sem a *glamorização* que talvez pudesse ser pintada como trajetória. De fevereiro de 2020 até agora, uma pandemia existiu no meio, o que impactou a escrita, a revisão, as alterações que achei importante fazer.

Tive que desacelerar — o que muitas vezes parece impossível de se fazer na vida acadêmica, já que tudo tem prazo e expectativas (internas e externas) de performance. Fui no ritmo que era possível, dentro dos meus compromissos de trabalho (afinal, os boletos não param de chegar, não é mesmo?). Tive que colocar à prova o entendimento de que as diferentes temporalidades também se manifestavam naquilo que eu tinha vontade de realizar, bem como tentar aceitar que, quando se trabalha na consolidação textual de um objeto de estudo digital, sua obsolescência, volatilidade e impermanência são "monstrinhos" que caminham de mãos dadas. O tão famoso exercício do desapego.

E chegamos até aqui. Eu e você! Por mais que tenha sido difícil, estou com um sorriso no rosto por finalizar este sonho cheio de entrega de mim mesma e que não teria o mesmo sabor se você não estivesse junto. Obrigada por compartilhar seu tempo e disposição. Obrigada, muito obrigada!

REFERÊNCIAS

ABREU, Regina. Chicletes eu misturo com bananas? Acerca da relação entre teoria e pesquisa em memória social. *In*: GONDAR, Jô; DODEBEI, Vera (org.). **O que é memória social?** Rio de Janeiro: Contra Capa, 2005, p. 27-42.

ABREU, Regina. Patrimônio Cultural: tensões e disputas no contexto de uma nova ordem discursiva. *In*: LIMA FILHO, Manuel Ferreira; ECKERT, Cornélia; BELTRÃO, Jane (org.). **Antropologia e Patrimônio Cultural**: Diálogos e Desafios Contemporâneos. 1. ed., v. 1. Blumenau: Nova Letra, 2007, p. 263-287.

ACKOFF, Russell L. **Ackoff's Best**. New York: John Wiley & Sons, 1999.

ACKOFF, Russell L. From data to wisdom. **Journal of Applied Systems Analysis**, v. 16, n. 1, p. 3-9, 1989.

ALY, Natália. Dossiê: Arqueologia das mídias. **Teccogs**: Revista Digital de Tecnologias Cognitivas, TIDD, PUC-SP, São Paulo, n. 14, p. 21-40, jul./dez. 2016.

AMAZON. **Personalização e recomendação em tempo real**. Amazon Personalize. AWS. Amazon Web Services, Inc. Disponível em: https://aws.amazon.com/pt/personalize/. Acesso em: 11 nov. 2019.

AMBROSE, Gavin; HARRIS, Paul. **Cor**. Porto Alegre: Bookman, 2009.

AMBROSE, Gavin. **The visual dictionary of pre-press and production**. Switzerland: AVA Publishing, 2010.

AMBROSE, Gavin. **The visual dictionary of graphic design**. Switzerland: AVA Publishing, 2006.

AMOROSO, Danilo. **O que é Computação em Nuvens?** Disponível em: https://www.tecmundo.com.br/computacao-em-nuvem/738-o-que-e-computacao-em-nuvens-.htm. Acesso em: 24 set. 2019.

ARUTE, Frank *et al*. Quantum supremacy using a programmable superconducting processor. **Nature**, v. 574, n. 7779, p. 505-510, 2019.

ASSMANN, Aleida. Canon and Archive. *In*: ERLL, Astrid; NÜNNING, Ansgar; YOUNG, Sara B. (ed.). **Cultural Memory Studies**: an International and Interdisciplinary Handbook. Berlin: Walter de Gruyter GmbH & Co, 2008.

ASSMANN, Aleida. **Espaços da recordação**: formas e transformações da memória cultural. São Paulo: Editora da Unicamp, 2011.

AUMONT, Jacques. **A imagem**. Campinas: Papirus, 1993.

AUMONT, Jacques; MARIE, Michel. **Dicionário teórico e crítico de cinema**. Campinas: Papirus Editora, 2006.

BARROS, Laura Santos de. **Narrativas efêmeras do cotidiano**: um estudo das stories no Snapchat e no Instagram. 2017. Dissertação (Mestrado em Comunicação) – Universidade Federal do Rio Grande do Sul, Porto Alegre, 2017.

BAUDRILLARD, Jean. **O Sistema dos Objetos**. São Paulo: Perspectiva, 2015.

BBC. **Conheça o fundador do Snapchat, app que destrói mensagens**. Disponível em: http://g1.globo.com/tecnologia/noticia/2013/11/conheca-o-fundador-do-snapchat-app-que-destroi-mensagens.html. Acesso em: 3 maio 2018.

BELL, Gordon; GEMMELL, Jim. **Total Recall**: How the E-Memory Revolution Will Change Everything. New York: Dutton, 2009.

BENJAMIN, Walter. O colecionador. **Passagens**. São Paulo: IMESP, 2006, p. 237-246.

BENJAMIN, Walter. **Rua de mão única**. São Paulo: Brasiliense, 1987.

BERGSON, Henri. **A evolução criadora**. São Paulo: Martins Fontes, 2005.

BERGSON, Henri. **Matéria e memória**: ensaio sobre a relação do corpo com o espírito. São Paulo: Martins Fontes, 2010.

BERGSON, Henri. **Memória e vida**. São Paulo: Martins Fontes, 2011.

BESSER, Howard *et al*. **Ethics, Technology and the Challenges of Documenting History in Real Time**. Paper presented at: IFLA WLIC 2014, Lyon, Libraries, Citizens, Societies: Confluence for Knowledge in Session 210, Information Technology. *In*: IFLA WLIC 2014, Lyon, France, 2014.

BIRTH, Kevin. **Objects of time**: How things shape temporality. New York: Palgrave Macmillan, 2012.

BLANCHETTE, Jean-François. A material history of bits. **Journal of the American Society for Information Science and Technology**, v. 62, n. 6, p. 1042-1057, 2011.

BOEHM, Gottfried. Decir y mostrar: elementos para una crítica de la imagen. *In*: RUBÍ, Linda Báez; BLAINE, Emilie Ana Carreón (ed.). **Los estatutos de la imagen, creación-manifestación-perfección**. Ciudad de México: Universidad Nacional Autónoma de México, Instituto de Investigaciones Estéticas, 2014.

BOEHM, Gottfried; MITCHELL, William JT. Pictorial versus Iconic Turn: two letters. **Culture, Theory and Critique**. Abingdon: Routledge, 2009.

BOLTER, Jay David. **The Digital Plenitude**: The Decline of Elite Culture and the Rise of New Media. Cambridge: MIT Press, 2019.

BRASIL. Lei n.º 13.709, de 14 de agosto de 2018. **Lei de Proteção de Dados Pessoais (LGPD)**. Disponível em: http://www.planalto.gov.br/ccivil_03/_ato2015-2018/2018/lei/l13709.htm. Acesso em: 16 mar. 2022.

BREDILLET, Thomas. **Lessons Learned at Instagram Stories and Feed Machine Learning**. Medium. Disponível em: https://instagram-engineering.com/lessons-learned-at-instagram-stories-and-feed-machine-learning-54f3aaa09e56. Acesso em: 2 nov. 2019.

BRIGGS, Asa; BURKE, Peter. **Uma história social da mídia**: de Gutenberg à Internet. Rio de Janeiro: Zahar, 2016.

BRUNO, Fernanda. Rastros digitais sob a perspectiva da teoria ator-rede. **Revista FAMECOS**, v. 19, n. 3, p. 681-704, 2012.

CACHINHO, Bruno Dantas. **Do álbum ao Instagram**: a efemeridade da fotografia no design contemporâneo. 2016. Dissertação (Mestrado em Design) – Universidade Federal do Estado do Rio de Janeiro, Rio de Janeiro, 2016.

CANALTECH. **O que é API?** Disponível em: https://canaltech.com.br/*software*/o-que-e-api/. Acesso em: 17 dez. 2019.

CAPES. **Catálogo de Teses & Dissertações — Capes**. Disponível em: https://catalogodeteses.capes.gov.br/catalogo-teses/#!/. Acesso em: 10 jan. 2020.

CASAROTTO, Camila. **Pinterest**: entenda como funciona e os usos para o marketing. Disponível em: https://rockcontent.com/blog/pinterest/. Acesso em: 12 jan. 2020.

CORSI, Nathalia Maciel. **Imagens efêmeras**: novas configurações da temporalidade e dos usos da fotografia. 2018. Dissertação (Mestrado em Comunicação) – Universidade Estadual de Londrina, Londrina, 2018.

COSSETTI, Melissa. **Como recuperar fotos do Orkut [notícia ruim, porém] – Aplicativos**. Tecnoblog. Disponível em: https://tecnoblog.net/315812/como-recuperar-fotos-do-orkut/. Acesso em: 4 jan. 2020.

DALY, Angela; DEVITT, S. Kate; MANN, Monique (ed.). **Good data**. Amsterdam: Institute of Network Cultures, 2019.

DAMIN, Marina Leitão. **Tommy Edison**: um estudo de caso sobre a relação entre a memória social e a deficiência visual no YouTube. 92 f. Dissertação (Memória Social). Universidade Federal do Estado do Rio de Janeiro (UNIRIO), 2016.

DAMIN, Marina Leitão. **Memória e ciclo de vida dos objetos digitais no Instagram**. 162 f. Tese (Memória Social). Universidade Federal do Estado do Rio de Janeiro (UNIRIO), 2020.

DANTAS, Camila Guimarães. **Criptografias da memória**: um estudo teórico-prático sobre o arquivamento da web no Brasil. 2014. Tese (Doutorado em Memória Social) – Universidade Federal do Estado do Rio de Janeiro, Rio de Janeiro, 2014.

DAVALLON, Jean. Memória e patrimônio: por uma abordagem dos regimes de patrimonialização. In: DODEBEI, Vera; TARDY, Cécile (org.). **Memória e novos patrimônios**. Marseille: Open Edition Press, 2015.

DEBARY, Octave. **Antropologia dos restos**: da lixeira ao museu. Tradução de Maria Letícia Mazzucchi Ferreira. Pelotas: UM2 Comunicação, 2017.

DELANEY, Beth; DE JONG, Annemieke. Media Archives and Digital Preservation: Overcoming Cultural Barriers. **New Review of Information Networking**, v. 20, n. 1-2, p. 73-89, 2015.

DELEUZE, Gilles. **Bergsonismo**. São Paulo: Editora 34, 1999.

DICIO. **Simbionte — Dicio**. Disponível em: https://www.dicio.com.br/simbionte/. Acesso em: 7 jan. 2020.

DICIO. **Simbiose — Dicio**. Disponível em: https://www.dicio.com.br/simbiose/. Acesso em: 7 jan. 2020.

DICIONÁRIO POPULAR. **Crush:** você sabe qual o significado da gíria? Disponível em: https://www.dicionariopopular.com/crush/. Acesso em: 9 jan. 2020.

DODEBEI, Vera. Arquivo Vera Janacópulos: narrativa, mito e informação. *In*: GONDAR, Jô; BARRENECHEA, Miguel Angel de (org). **Memória e Espaço**: trilhas do contemporâneo. Rio de Janeiro: 7Letras, 2003.

DODEBEI, Vera. Memoração e patrimonialização em três tempos: mito, razão e interação digital. *In*: DODEBEI, Vera; TARDY, Cécile. (org.). **Memória e novos patrimônios**. Marseille: Open Edition Press, 2015.

DODEBEI, Vera. Patrimônio e memória digital. **Revista Morpheus**: Estudos Interdisciplinares em Memória Social, v. 5, n. 8, 2006.

DODEBEI, Vera. **Tesauro**: linguagem de representação da memória documentária. Rio de Janeiro: Intertexto, 2014.

DODEBEI, Vera; TARDY, Cécile. Introdução. *In*: DODEBEI, Vera; TARDY, Cécile (org.). **Memória e novos patrimônios**. Marseille: Open Edition Press, 2015.

ELIAS, Norbert. **Sobre o tempo**. Rio de Janeiro: Zahar, 1998.

FERREIRA, Lorena de Risse. **A efemeridade na tecnocultura**: escavações em aplicativos de imagens feitas para sumir. 2019. 169 f. Tese (Doutorado em Ciências da Comunicação) – Universidade do Vale do Rio dos Sinos, São Leopoldo, 2019.

FERREIRA, Miguel. **Introdução à preservação digital**: conceitos, estratégias e actuais consensos. Guimarães: Universidade do Minho, Escola de Engenharia, 2006.

FOGAÇA, Jennifer. **Isomeria de função**. Isomeria constitucional ou plana de função. Mundo Educação. Disponível em: https://mundoeducacao.bol.uol.com.br/quimica/isomeria-funcao.htm. Acesso em: 5 jan. 2020.

FOUCAULT, Michel. **Isto não é um cachimbo**. São Paulo: Paz e Terra, 2016.

FRAGA, Nayhara Marlyn. **A fotografia como meio de memória no ciberespaço**. 2015. Dissertação (Mestrado em Memória Social) – Universidade Federal do Estado do Rio de Janeiro, Rio de Janeiro, 2015.

FRANCALANCI, Ernesto L. **Estética de los objetos**. Madrid: Antonio Machado Libros, 2015.

GAGNEBIN, Jeanne Marie. Apagar os rastros, recolher os restos. *In*: SEDLMAYER, Sabrina; GINZBURG, Jaime (ed.). **Walter Benjam *In***: rastro, aura e história. Belo Horizonte: Editora UFMG, 2012.

GAGNEBIN, Jeanne Marie. **Lembrar escrever esquecer**. São Paulo: Editora 34, 2006.

GALLEGO, Antonio Dopazo; VELOSA, Filipa. **Bergson**: o intocável fantasma da vida. São Paulo: Salvat, 2017.

GEERTZ, Clifford. **A interpretação das culturas**. Rio de Janeiro: Editora LTC, 1973.

GEORGIA, Yara. **Entendendo a relação entre cores RGB e hexadecimais**. Mundo Blogger. Disponível em: http://www.mundoblogger.com.br/2013/05/entendendo-a-relacao-entre-cores-rgb-e-hexadecimais.html. Acesso em: 21 jun. 2018.

GERSHENFELD, Neil; KRIKORIAN, Raffi; COHEN, Danny. The internet of things. **Scientific American**, v. 291, n. 4, p. 76-81, 2004.

GILLESPIE, Tarleton. The Relevance of Algorithms. *In*: GILLESPIE, T.; BOCZKOWSKI, P. J.; FOOT, K. A. (ed.). **Media Technologies**: Essays on Communication, Materiality, and Society. Cambridge, MA: MIT Press, 2014, 167-194.

GONÇALVES, Isabella de Sousa. **Tecnologias da memória**: o NYT Archives e a recirculação do passado no Instagram. 2019. Dissertação (Mestrado em Comunicação) – Universidade Federal de Juiz de Fora, Juiz de Fora, 2019.

GOMES, Débora. *Software* **de código aberto**: o que é e quais suas vantagens. Disponível em: https://sambatech.com/blog/insights/codigo-aberto/. Acesso em: 7 jan. 2020.

GONDAR, Jô. Memória individual, memória coletiva, memoria social. **Revista Morpheus**: Estudos Interdisciplinares em Memória Social, v. 7, n. 13, 2008. Disponível em: http://www.seer.unirio.br/index.php/morpheus/article/view/4815/4305. Acesso em: 2 dez. 2019.

GOUDINOUX, Véronique. *In*: UNIVERSALIS, Encyclopaedia. Éphémère, arts. Paris: Encyclopaedia Universalis, 2012, não paginado.

HALBWACHS, Maurice. **A memória coletiva**. 2. ed. São Paulo: Centauro Editora, 2006.

HALBWACHS, Maurice. **Les cadres sociaux de la mémoire**. Paris: Albin Michel, 2013.

HENRIQUES, Rosali Maria Nunes. **Os rastros digitais e a memória dos jovens nas redes sociais**. 2014. Tese (Doutorado em Memória Social) – Universidade Federal do Estado do Rio de Janeiro, Rio de Janeiro, 2014.

HORST, Heather; MILLER, Daniel. **Digital Anthropology**. London: Bloomsbury Academic, 2012.

HOSKINS, Andrew. 7/7 and connective memory: interactional trajectories of remembering in post-scarcity culture. **Memory Studies**, v. 4, n. 3, 2011.

HOSKINS, Andrew. Digital network memory. **Mediation, remediation, and the dynamics of cultural memory**, v. 10, p. 91, 2009.

HUHTAMO, Erkki; PARIKKA, Jussi. **Media archaeology**: approaches, applications, and implications. California: University of California Press, 2011.

HUI, Yuk. What is a digital object? **Metaphilosophy**, v. 43, n. 4, p. 380-395, 2012.

HUI, Yuk. Media, memory, metaphor: remembering and the connective turn. **Transcultural memory**, Parallax, Routledge, v. 17, n. 4, 2016.

HUI, Yuk. **On the existence of digital objects**. Minneapolis: University of Minnesota Press, 2016.

HUYSSEN, Andreas; RIBEIRO, Vera. **Culturas do passado-presente**: modernismos, artes visuais, práticas da memória. Rio de Janeiro: Contraponto, 2014.

IBGC. **O que é governança corporativa**. Disponível em: https://www.ibgc.org.br/conhecimento/governanca-corporativa. Acesso em: 18 nov. 2019.

IBM. **What is big data?** More than volume, velocity and variety. Disponível em: https://developer.ibm.com/dwblog/2017/what-is-big-data-insight/. Acesso em: 12 nov. 2019.

IG. **69% dos brasileiros já acessam internet pelo celular, indica IBGE**. Tecnologia. iG. Disponível em: http://tecnologia.ig.com.br/2018-04-27/acesso-a-internet.html. Acesso em: 30 jun. 2018.

INSTAGRAM MOCKUPS 2021. Disponível em: https://freebiesui.com/free-psd/psd-ui-kits/free-instagram-mockups-2021/. Acesso em: 20 out. 2021.

INSTAGRAM. **Aplicativo Instagram**. Disponível em: https://instagram.com. Acesso em: 4 jan. 2020.

INSTAGRAM. **Dados da conta**. Instagram. Disponível em: https://www.instagram.com/accounts/access_tool/. Acesso em: 15 nov. 2019.

INSTAGRAM. **Data Policy**. Instagram Help Center. Disponível em: https://www.facebook.com/help/instagram/155833707900388. Acesso em: 13 set. 2019.

INSTAGRAM. **Introducing New Ways to Organize Your Saved Posts**. Disponível em: http://instagram.tumblr.com/post/159679268807/170417-collections. Acesso em: 25 jun. 2018.

INSTAGRAM. **Central de Ajuda**. Disponível em: https://www.facebook.com/help/instagram. Acesso em: 15 mar. 2022.

INSTITUTO BRASILEIRO DE INFORMAÇÃO EM CIÊNCIA E TECNOLOGIA (IBICT). **Biblioteca Digital Brasileira de Teses e Dissertações**. Disponível em: http://bdtd.ibict.br/vufind/. Acesso em: 10 jan. 2020.

INTERNET ARCHIVE. **Wayback Machine**. Disponível em: http://web.archive.org/. Acesso em: 21 jan. 2020.

JAPIASSÚ, Hilton; MARCONDES, Danilo. **Dicionário básico de filosofia**. Rio de Janeiro: Jorge Zahar, 1996.

JONES, Andrew. **Memory and material culture**. Cambridge: Cambridge University Press, 2007.

KALLINIKOS, Jannis; AALTONEN, Aleksi; MARTON, Attila. A theory of digital objects. **First Monday**, [S. l.], june 2010. ISSN 13960466. Disponível em: https://firstmonday.org/ojs/index.php/fm/article/view/3033/2564. Acesso em: 2 jan. 2020.

KALUAN, Bernardo. **Facebook muda nome para Meta**. CNN Brasil. Disponível em: https://www.cnnbrasil.com.br/business/facebook-muda-nome-para-meta/. Acesso em: 28 fev. 2022.

KAPLAN, Frédéric. **La métamorphose des objets**. Limousin: FYP Éditions, 2009.

KAPLAN, Frédéric; DI LENARDO, Isabella. Big data of the past. **Frontiers in Digital Humanities**, v. 4, p. 12, 2017.

L'ATELIER DES PHOTOGRAPHES DU XIX SIECLE. **Lille Dunkerque: Maison Cayez**. Disponível em: http://laphotoduxix.canalblog.com/archives/2010/11/13/19595202.html. Acesso em: 3 jan. 2020.

LÉVY, Pierre. **As tecnologias da inteligência**. São Paulo: Editora 34, 1993.

L'EXPANSION. **L'«infobésité», le nouveau fléau de l'entreprise**. Disponível em: https://lexpansion.lexpress.fr/entreprises/l-infobesite-le-nouveau-fleau-de-l-entreprise_1417439.html. Acesso em: 11 dez. 2019.

LOGAN, Robert K. **Que é informação?** A propagação da organização na biosfera, na simbolosfera, na tecnosfera e na econosfera. Rio de Janeiro: Contraponto, 2012.

LOUBAK, Ana Letícia. **Busca do Google exibe pornografia ao relacionar mulheres e educação**. TechTudo. Disponível em: https://www.techtudo.com.br/noticias/2019/10/busca-do-google-exibe-pornografia-ao-relacionar-mulheres-e-educacao.ghtml. Acesso em: 14 nov. 2019.

MAAS, Paige *et al.* **Facebook Disaster Maps**: Aggregate Insights for Crisis Response & Recovery. Disponível em: https://research.fb.com/publications/facebook-disaster-maps-aggregate-insights-for-crisis-response-recovery/. Acesso em: 15 nov. 2019.

MACHADO, Mônica. **Antropologia Digital e experiências virtuais no Museu de Favela**. Curitiba: Appris, 2017.

MACÊDO, Larissa Cristina Sampaio. **Poéticas do Efêmero**: novas temporalidades em rede a partir do Instagram Stories. Comunicação e Semiótica. São Paulo: Editora da PUCSP, 2019.

MADIANOU, Mirca; MILLER, Daniel. **Migration and new media**: Transnational families and polymedia. Abingdon: Routledge, 2013.

MAGALHÃES, Aline Montenegro. Apresentação. **Anais...** Museu Histórico Nacional, v. 37, 2005.

MALAR, João Pedro. **Entenda o que é o metaverso e por que ele pode não estar tão distante de você**. CNN Brasil. Disponível em: https://www.cnnbrasil.com.br/business/entenda-o-que-e-o-metaverso-e-por-que-ele-pode-nao-estar-tao-distante-de-voce/. Acesso em: 28 fev. 2022.

MANOVICH, Lev. **Instagram and contemporary image**. New York: Manovich.net, 2016.

MATOS, Sérgio Campos. História, memória e ficção: que fronteiras? **História da Historiografia**, n. 17, 2015.

MAYER-SCHÖNBERGER, Viktor. **Delete**: the virtue of forgetting in the digital age. Princeton: Princeton University Press, 2011.

MAYER-SCHÖNBERGER, Viktor; CUKIER, Kenneth. **Big data**: a revolution that will transform how we live, work, and think. Boston: Houghton Mifflin Harcourt, 2013.

MENDES, Miguel Gonçalves. **José e Pilar**: conversas inéditas. São Paulo: Companhia das Letras, 2012.

MENDES, Miguel Gonçalves. **José e Pilar**. Documentário. 125 minutos. Disponível em: https://www.youtube.com/watch?v=UNyAvelwZZ8&fbclid=IwAR-0VUgOr4p30gVDg_e99vpM2FlO2X1m-hj_wjI7aY4MwIqoouKYpjbuYODo. Acesso em: 12 ago. 2019.

METZ, Cade. How Facebook Moved 20 Billion Instagram Photos Without You Noticing. **Wired**, 2014. Disponível em: https://www.wired.com/2014/06/facebook-instagram/. Acesso em: 1 nov. 2019.

MILLER, Daniel. **Photography in the Age of Snapchat**. London: Royal Anthropological Institute, 2015.

MILLER, Daniel *et al.* **How the world changed social media**. London: UCL Press, 2016.

MORIN, Edgar. Organization and complexity. **Annals of the New York Academy of Sciences**, v. 879, n. 1, p. 115-121, 1999.

MOUSINHO, André. **R.I.P Orkut**: Relembre por que a rede social marcou nossas vidas! Rock Content. Disponível em: https://rockcontent.com/blog/orkut/. Acesso em: 4 jan. 2020.

New York City I, 1942, Piet Mondrian, domínio público, via Wikimedia Commons. Disponível em: https://commons.wikimedia.org/wiki/File:Piet_Mondriaan,_1942_-_New_York_City_I.jpg. Acesso em: 5 out. 2021.

Niagara, 1857, Frederic Edwin Church, domínio público, via Wikimedia Commons. Disponível em: https://commons.wikimedia.org/wiki/File:Frederic_Edwin_Church_-_Niagara_Falls_-_WGA04867.jpg. Acesso em: 5 out. 2021.

NORA, Pierre *et al.* Entre memória e história: a problemática dos lugares. **Projeto História**: Revista do Programa de Estudos Pós-Graduados de História, v. 10, 1993.

NOTH, Winfried; SANTAELLA, Lucia. **Imagem**: cognição, semiótica, mídia. São Paulo: Iluminuras, 1997.

NUNES, Benedito. Introdução. *In*: PLATÃO. **Diálogos de Platão**: Teeteto, Crátilo. Tradução de Carlos Alberto Nunes. Belém: Editora da UFPA, 2001.

ONG, Walter J. **Oralidade e cultura escrita**: a tecnologização da palavra. Campinas: Papirus, 1998.

ONG, Walter J. **Orality and literacy**. Abingdon: Routledge, 2013.

ORACLE. **O Que é Big Data?** Oracle Brasil. Disponível em: https://www.oracle.com/br/big-data/guide/what-is-big-data.html. Acesso em: 12 nov. 2019.

PACHECO, Victor. **Second Life investirá no metaverso, afirma fundador**. SHOWMETECH. Disponível em: https://www.showmetech.com.br/second-life-investira-no-metaverso/. Acesso em: 28 fev. 2022.

PASSOS, Eduardo. **Um pouco sobre interoperabilidade**. Disponível em: https://infob.com.br/um-pouco-sobre-interoperabilidade/. Acesso em: 2 jan. 2020.

PEARCE, Susan M. Museum objects. *In*: DUDLEY, Sandra *et al.* (ed.). **The Thing about Museums**: Objects and Experience, Representation and Contestation. Abingdon: Routledge, 2011.

PETIT, Nicolas. Vous avez dit éphémère? Typologie et caractéristiques françaises de la notion d'éphémères. *In*: BERTRAND, Anne-Marie. Éphémères et curiosités: un patrimoine de circonstances. Actes du colloque. Chambéry: Maire de Chambéry, 2004.

PEZZOTTI, Renato. **Apple é marca mais valiosa do mundo pelo 7º ano; Disney desbanca Facebook**. Disponível em: https://economia.uol.com.br/noticias/redacao/2019/10/17/apple-google-e-amazon-sao-as-marcas-mais-valiosas-do-planeta-diz-estudo.htm. Acesso em: 11 nov. 2019.

POLLAK, Michael. Memória, esquecimento, silêncio. **Revista Estudos Históricos**, v. 2, n. 3, p. 3-15, 1989.

POMIAN, Krzysztof. Coleção. **Enciclopédia Einaudi**, v. 1, p. 51-86, 1984.

POMIAN, Krzysztof. **Collectors and curiosities**: Paris and Venice, 1500-1800. Cambridge: Polity Press, 1990.

POMIAN, Krzysztof. Tempo/temporalidade. **Enciclopédia Einaudi**, v. 29, p. 11-91, 1993.

PRETALAB. **Dados**. Disponível em: https://www.pretalab.com/dados. Acesso em: 26 nov. 2019.

RANCIÈRE, Jacques. **O destino das imagens**. Rio de Janeiro: Contraponto, 2012.

RIBEIRO, Leila B. **Narrativas quadrinísticas de "Urbano, o Aposentado"**. Disponível em: www.encontro2010.rj.anpuh.org/resources/anais/8/1276700719_ARQUIVO_anpuh2010textocompleto.pdf. Acesso em: 16 jul. 2018.

RIBEIRO, Leila B. Memórias inscritas, rastros e vestígios patrimoniais. *In*: DODEBEI, Vera; FARIAS, Francisco Ramos de; GONDAR, Jô. **Revista Morpheus**, Rio de Janeiro, v. 9, n. 15, p. 295-308, 2016.

RICHTER, Felix. **Infographic**: Instagram Stories Blows Past Snapchat. Disponível em: https://www.statista.com/chart/9086/daily-active-users-instagram-stories-snapchat/. Acesso em: 3 maio 2018.

RICOEUR, Paul. **A memória, a história, o esquecimento**. São Paulo: Unicamp, 2007.

RUSLI, Evelyn M. **Facebook Buys Instagram for $1 Billion**. The New York Times. Disponível em: https://dealbook.nytimes.com/2012/04/09/facebook-buys-instagram-for-1-billion/. Acesso em: 3 maio 2018.

SÁ, Nelson de. **App chinês TikTok ameaça domínio de Instagram, YouTube e até Spotify**. 4/1/2020. Ilustrada. Folha. Disponível em: https://www1.folha.uol.com.br/ilustrada/2020/01/app-chines-tiktok-ameaca-dominio-de-plataformas-sociais-dos-estados-unidos.shtml. Acesso em: 9 jan. 2020.

SAYURI, Juliana. **O algoritmo é sexista?** Trip. Disponível em: https://revistatrip.uol.com.br/tpm/os-algoritmos-tentam-identificar-seu-genero-mas-muitas-vezes-reforcam-representacoes-sexistas. Acesso em: 14 nov. 2019.

SCHELLENBERG, Theodore. **Arquivos modernos**: teoria e prática. Rio de Janeiro: FGV, 1973.

SELINGER, Evan; HARTZOG, Woodrow. Obscurity and privacy. *In*: PITT, Joseph C.; SHEW, Ashley (ed.). **Spaces for the Future**. Abingdon: Routledge, 2017, p. 119-129.

SERAFINELLI, Elisa. **Digital Life on Instagram**: New Social Communication of Photography. Bingley: Emerald Publishing Limited, 2018.

SOUZA, Joana Dourado Franca de. **Registrar, compartilhar, autodestruir**: pedagogias e modos de ser no Instagram stories. 2018. Dissertação (Mestrado em Educação) – Universidade Federal da Bahia, Salvador, 2018.

STEER, Adam; TRENHAM, Claire. The Good Data Manifesto. *In*: DALY, Angela; DEVITT, S. Kate; MANN, Monique (ed.). **Good data**. Amsterdam: Institute of Network Cultures, 2019.

STATISTA. **Countries with most Instagram users 2019.** Disponível em: https://www.statista.com/statistics/578364/countries-with-most-instagram-users/. Acesso em: 10 jan. 2020.

TATE. **Neo-plasticism**. Art Term. Disponível em: http://www.tate.org.uk/art/art-terms/n/neo-plasticism. Acesso em: 5 jun. 2018.

TAYLOR, Diana. **Save As...** Knowledge and Transmission in the Age of Digital Technologies. Imagining America, n. 7, 2010.

THIBAULT-LAULAN, Anne Marie. **Imagem e comunicação**. São Paulo: Melhoramentos, 1976.

THIBES, Victoria. **Como funciona o sistema binário?** Canaltech. Disponível em: https://canaltech.com.br/produtos/como-funciona-o-sistema-binario/. Acesso em: 8 out. 2019.

THIBODEAU, Kenneth. Overview of technological approaches to digital preservation and challenges in coming years. **The state of digital preservation**: an international perspective, p. 4-31, 2002.

TURKLE, Sherry Ed. **Evocative objects**: Things we think with. Cambridge: MIT Press, 2007.

TURNER, Fred. 13 The World Outside and the Pictures in Our Networks. **Media Technologies**: Essays on Communication, Materiality, and Society, p. 251, 2014.

UNESCO. **Carta sobre la preservación del patrimonio digital: UNESCO**. Disponível em: http://portal.unesco.org/es/ev.php-URL_ID=17721&URL_DO=DO_TOPIC&URL_SECTION=201.html. Acesso em: 9 jan. 2020.

VAN DIJCK, José. **Mediated memories in the digital age**. Redwood City: Stanford University Press, 2007.

VAN DIJCK, José; POELL, Thomas; DE WAAL, Martijn. **The platform society**: public values in a connective world. Oxônia: Oxford University Press, 2018.

VASCONCELOS, Eduardo Leite. **Instagram Stories**: Fotografia Vernacular e Efemeridade. 2018. Dissertação (Mestrado em Comunicação e Culturas Contemporâneas) – Universidade Federal da Bahia, Salvador, 2018.

VELHO, Gilberto. **Um Antropólogo na Cidade**. Versão para Kindle. Rio de Janeiro: Zahar, 2013.

WE ARE SOCIAL; HOOTSUITE. **Global Digital Report 2019**. We Are Social. Disponível em: https://wearesocial.com/global-digital-report-2019. Acesso em: 10 jan. 2020.

WIKIPEDIA. **Isomer**. Wikipedia. Disponível em: https://en.wikipedia.org/wiki/Isomer. Acesso em: 5 jan. 2020.

WIKIPEDIA BRASIL. **Acetona**. Wikipedia. Disponível em: https://pt.wikipedia.org/wiki/Acetona. Acesso em: 5 jan. 2020.

WIKIPEDIA BRASIL. **Mordente**. Wikipedia. Disponível em: https://pt.wikipedia.org/wiki/Mordente. Acesso em: 5 jan. 2020.

WULF, Christoph. **Homo pictor**: imaginação, ritual e aprendizado mimético no mundo globalizado. São Paulo: Hedra, 2013.

YAMAOKA, Eloi Juniti. **Preservação de Longo Prazo de Conhecimento Codificado**: proposição de um framework. 2014. 202 f. Tese (Doutorado em Engenharia e Gestão do Conhecimento) – Universidade Federal de Santa Catarina, Florianópolis, 2014.

ZAGALO, Nelson; MORGADO, Leonel; BOA-VENTURA, Ana. **Virtual Worlds and Metaverse Platforms**: New Communication and Identity Paradigms. Hershey: Information Science Reference, 2012.

ÍNDICE REMISSIVO

Algoritmos, 18, 19, 39, 45, 47, 75-83, 94, 96-98, 101, 126, 136, 139, 158, 161-163, 165, 169, 171, 174
Amazon, 80, 81, 110
Antropologia Digital, 31, 32
Assman, Aleida, 129-132, 135, 138, 140, 149, 166, 173
Aumont, Jacques, 38, 57, 58, 60
Bergson, Henri, 39, 58, 97, 98, 116-119, 121, 123, 124, 132, 139, 164-166, 169, 172, 174
Big data, 39, 76-78, 101, 126, 149, 163, 171, 172
Boehm, Gottfried, 38, 52, 53, 55
Bruno, Fernanda, 39, 137, 173
Dados, 18, 38, 39, 42-47, 50, 51, 73, 75-87, 93-96, 98-101, 110, 119, 124, 136, 137, 141, 149, 161, 169, 171, 172
Daniel, Miller, 20, 28, 29, 31, 47, 62, 77, 124, 159
Dodebei, Vera, 39, 51, 121, 132, 133, 135, 154, 167, 172, 173
Etnografia Digital, 20, 31, 36
Gagnebin, Jeanne Marie, 39, 138, 139, 173
Gillespie, Tarleton, 39, 79, 82, 171
Google, 62, 78, 81, 141, 143, 173
Halbwachs, Maurice, 96, 116, 118-121, 123-125, 129, 130, 166, 172
Hoskins, Andrew, 76, 135
IBM, 39, 78, 171
Imagem, 18, 21, 24-26, 29, 30, 38, 42, 44, 45, 51-55, 58-61, 65, 66, 71, 72, 93, 94, 97, 116, 117, 123, 124, 135, 137, 150, 156, 157, 160, 161, 164, 167, 171
Internet Archive, 153
Logan, Robert K, 38, 43, 50, 51, 86, 161, 171
Machado, Mônica, 32, 124
Madianou, Mirca, 20, 28, 124, 159
Memoração, 39, 51, 129, 132, 133, 135, 149, 153, 167, 169, 172

Memória Coletiva, 77, 116, 118, 119, 121, 122, 130, 163, 172
Memória Individual, 39, 58, 116, 119, 121, 122, 132, 138, 163, 167, 168, 172, 174
Morin, Edgar, 35, 155, 156, 163
Objetos Digitais, 17-20, 29, 30, 32-36, 38-50, 52, 59, 61, 67, 71, 77, 96, 97, 101, 103, 104, 107, 109-111, 113, 115, 118, 121, 123, 126, 127, 131-133, 136, 137, 139, 141, 149-151, 153-157, 160-174
Objetos Digitais Modificados, 52, 71
Objetos Digitais Originais, 52, 71
Orkut, 38, 39, 139, 141-149, 154, 157, 173
Patrimônio, 39, 42, 149, 153, 154, 170, 173
Rastros Digitais, 28, 39, 132, 136-138, 165, 166, 169, 173, 174
Rastros Memoriais, 17, 39, 132, 136, 138, 139, 166, 173
Taylor, Diana, 123, 136
Tempo, 17, 20, 24, 27-32, 34, 36, 39, 43, 51, 54, 58, 63, 68, 80, 84, 89, 92, 97, 100, 103-105, 109-112, 114-121, 123-127, 129, 130, 132, 134-137, 139, 140, 142, 143, 145, 148, 149, 151, 153, 157-160, 163, 165, 166, 168, 169, 172, 174, 176
Van Dijck, José, 18, 19, 38, 39, 75, 78, 107, 108, 121-123, 161, 166, 169, 171
Wulf, Christoph, 38, 58-61, 164